# 누구나 아는
# 나만 모르는
# 챗GPT

누나IT(이성원) 지음

한빛미디어

**지은이 누나IT**(이성원)

웹디자이너로 사회에 첫발을 내디딘 후, 컴퓨터 방문 교육 사업을 창업하여 엑셀, 파워포인트, 워드, 포토샵, 프리미어 프로 등 다양한 과목을 오랫동안 강의했습니다. 이후 온라인 마케팅 회사를 운영하며, 실제 경험을 토대로 쇼핑몰 창업, 블로그 마케팅, 유튜브 마케팅 등의 강사로도 활동했습니다.

현재는 IT 왕초보를 위한 챗GPT 및 AI 강의도 활발하게 진행하고 있으며, AI 시대에 IT 취약 계층이 소외되지 않게끔 다양한 AI 콘텐츠를 개발하고 있습니다.

저서로는 《누구나 아는 나만 모르는 엑셀: 이보다 더 쉬운 엑셀 책은 없습니다》, 《누구나 아는 나만 모르는 IT 이성원 강사의 3분 엑셀》이 있습니다.

**유튜브 채널** www.youtube.com/@누나IT
**인스타그램** www.instagram.com/noona_it

---

## 누구나 아는 나만 모르는 챗GPT – 세상에서 가장 쉬운 챗GPT&AI 입문서

**초판 1쇄 발행** 2025년 10월 02일
**초판 2쇄 발행** 2025년 11월 11일

**지은이** 누나IT(이성원) / **펴낸이** 전태호
**펴낸곳** 한빛미디어(주) / **주소** 서울특별시 서대문구 연희로2길 62 한빛미디어(주) IT출판1부
**전화** 02-325-5544 / **팩스** 02-336-7124
**등록** 1999년 6월 24일 제 25100-2017-000058호 / **ISBN** 979-11-6921-422-3  13000

**총괄** 배윤미 / **책임편집** 장용희 / **기획·편집** 진명규
**디자인** 이아란, 윤혜원 / **전산편집** 이윤희
**영업마케팅** 송경석, 김형진, 장경환, 조유미, 한종진, 이행은, 고광일, 성화정, 김한솔 / **제작** 박성우, 김정우

이 책에 대한 의견이나 오탈자 및 잘못된 내용은 출판사 홈페이지나 아래 이메일로 알려주십시오.
파본은 구매처에서 교환하실 수 있습니다. 책값은 뒤표지에 표시되어 있습니다.

**홈페이지** www.hanbit.co.kr / **이메일** ask@hanbit.co.kr

---

Published by HANBIT Media, Inc. Printed in Korea
Copyright © 2025 누나IT(이성원) & HANBIT Media, Inc.
이 책의 저작권은 누나IT(이성원)와 한빛미디어(주)에 있습니다.
저작권법에 의해 보호를 받는 저작물이므로 무단 복제 및 무단 전재를 금합니다.

---

지금 하지 않으면 할 수 없는 일이 있습니다.
책으로 펴내고 싶은 아이디어나 원고를 메일(writer@hanbit.co.kr)로 보내주세요.
한빛미디어(주)는 여러분의 소중한 경험과 지식을 기다리고 있습니다.

# 머리말

세상은 AI로 빠르게 변화하고 있지만, 이 속도를 따라가지 못하는 분들이 많습니다. 구글이 처음 나왔을 때 사람들은 검색하는 방법을 배웠습니다. 심지어 검색자격증까지 있었습니다. 하지만 지금은 누구나 쉽게 구글 검색을 하는 것처럼, AI도 누구나 사용하는 도구가 될 것입니다.

문제는 '누구나 써야 한다'는 부담감은 있지만 어디서부터 시작해야 할지 모른다는 데 있습니다. 정보는 넘쳐나지만 너무 복잡하고 어렵게 느껴지죠. 그래서 준비했습니다. 《누구나 아는 나만 모르는 챗GPT》는 평범한 사람들, 특히 50~60대 분들이 챗GPT를 시작할 수 있도록 돕는 책입니다.

이 책을 집필하면서 세 가지를 중점적으로 고려했습니다.

첫째, 내용은 쉽게 구성하고 일상에서 바로 써먹을 수 있는 기능만 다루어, 초보자라도 챗GPT의 기본 활용법을 빠르게 익힐 수 있도록 했습니다.

둘째, 부담 없이 완독할 수 있도록 분량을 300쪽 이하로 제한했습니다.

셋째, 눈의 피로를 줄이기 위해 책 전체에 충분한 여백을 두었습니다.

이 책은 IT에 익숙하지 않은 분들부터 시니어 세대까지, 특히 50~60대분들이 AI를 친근하게 느낄 수 있도록 구성했습니다. 재취업을 준비하는 분들이나 새로운 도구를 배우고 싶은 분들에게도 유용한 가이드가 될 것입니다.

챗GPT에 대한 자신감을 얻고, AI가 낯선 기술이 아닌 일상의 친숙한 도구가 되기를 바랍니다. 감사합니다.

2025년 10월
누나IT(이성원)

## 챗GPT를 왜 배워야 하나요?

챗GPT는 우리 생활 곳곳에서 도움이 되는 똑똑한 도구입니다. 단어를 정확히 몰라도 설명만으로 정보를 찾을 수 있고, 카카오톡처럼 간단하게 쓸 수 있으며, 음성으로도 질문할 수 있어 누구나 쉽게 접근할 수 있습니다.

특히 회사, 일상이나 취미 생활에서 챗GPT는 점점 필수적인 존재가 되고 있습니다. 보고서를 작성하고 데이터를 정리하는 일, 여행 계획이나 취미 활동, 심지어 혼자서는 해결하기 어려운 질문까지 챗GPT에게 물어볼 수 있습니다. 챗GPT를 잘 활용하면 몇 시간 걸리던 일을 단 5분 만에 끝낼 수 있습니다.

### 생활
여행 일정 짜기,
날씨·건강 정보
확인하기,
외국어 공부하기,
가계부 정리하기,
자기계발 자료 찾기
…

### 취미와 소통
모임 공지·행사
문구 작성하기,
가족 여행 일정
공유하기,
심리 상담 도움받기,
블로그·SNS 글쓰기,
독서·영화 리뷰
정리하기
…

### 회사
보고서·문서 작성하기,
회의 안건 정리하기,
데이터 요약·분석하기,
이메일 초안 만들기,
기획안 아이디어
발굴하기
…

# 챗GPT 왕초보를 위한 <누구나 아는 나만 모르는 챗GPT>

챗GPT를 써보고 싶지만, 어렵게만 느껴져서 망설이는 분들이 많습니다. 챗GPT는 생각보다 쉽고, 생활 속에서 유용하게 쓸 수 있는 도구입니다.

《누구나 아는 나만 모르는 챗GPT》는 챗GPT를 처음 시작하는 분들을 위해 꼭 필요한 내용을 체계적으로 안내해드립니다. 이 책을 따라 하다 보면 어느새 챗GPT를 자연스럽게 활용할 수 있는 실력을 갖추게 될 거예요.

 **하나, 세상에서 가장 쉬운 챗GPT 입문서다**

처음 챗GPT를 접하는 분들이라도 금세 이해할 수 있도록, 어려워 보이는 기능도 일상적인 예시와 함께 쉽게 풀어냈습니다. 마치 옆에서 직접 알려주는 것처럼 따라 하기만 하면 됩니다.

 **둘, 꼭 알아야 하는 내용을 알차게 담았다**

회원 가입부터 첫 대화, 음성 입력, 질문 노하우, 이미지 만들기, 문서와 PPT 작성까지! 챗GPT를 생활과 업무에서 제대로 활용하기 위해 꼭 필요한 기능만 담았습니다.

 **셋, 무료 강의와 챗GPT 대화 예시까지 챙겨준다**

본문에 실린 QR 코드를 통해 무료 영상 강의를 제공하고, 실제 챗GPT 대화 예시를 확인할 수 있도록 구성했습니다. 강의와 대화 예시를 책과 함께 보면서 실습하면 훨씬 빠르게 익힐 수 있습니다.

## 학습 내용 미리 보기

학습하기 전에 어떤 내용을 배우게 될지 미리 살펴봅시다. 기초부터 활용까지 단계별로 익힐 수 있습니다.

### 0장 | 왕초보가 챗GPT를 배워야 하는 이유
챗GPT가 얼마나 간단하고, 우리 생활과 업무에 큰 도움을 주는지 알아봅니다.

### 1장 | 챗GPT 시작 전에 꼭 알아야 하는 다섯 가지
챗GPT를 본격적으로 사용하기 전에 가입부터 화면 구성, 첫 대화, 모바일 활용, 음성 대화 방법까지 기본기를 익힙니다.

[이런 걸 배워요]
회원 가입하기 / 무료 vs 유료 버전 차이 / 화면 구성 익히기 / 새 채팅 열기 / 모바일 앱 설치하기 / 음성 대화 활용하기

### 2장 | 쉽지만 강력한 질문 방법 익히기
챗GPT에게 질문하는 법, 구체적으로 묻는 법, 답변을 이끌어내는 공식과 비법을 익혀봅니다.

[이런 걸 배워요]
'너는 누구야?' 첫 질문하기 / 구체적으로 질문하기 / 지시→예시→질문 공식 / 개인 맞춤 설정 / 챗GPT에게 역할 부여하기

### 3장 | 일상이 즐거워지는 챗GPT 활용 능력 키우기
여행 준비부터 AI 이미지 만들기와 심리 상담까지, 생활 속에서 챗GPT를 다양하게 활용하는 방법을 배웁니다.

[이런 걸 배워요]
여행 일정 짜기 / 짐 싸기 목록 만들기 / 카카오톡 공유하기 / AI 이미지 생성하기 / 글자·배경 수정하기 / 심리 상담 활용하기

### 4장 | 챗GPT보다 더 재미있는 AI 툴 써보기

챗GPT와 함께 쓰면 좋은 최신 AI 툴을 체험해봅니다. 음악·영상·자료 요약까지 생활을 더 풍부하게 만들어줍니다.

**[이런 걸 배워요]**
Suno로 노래 만들기 / Sora로 영상 만들기 / 노트북LM으로 자료 요약하기 / AI 오디오 파일 제작하기 / 제미나이와 구글 서비스 활용하기 / 나노바나나로 이미지 생성하고 편집하기

### 5장 | 챗GPT로 콘텐츠 만들어 활용하기

경조사 인사말, 쇼츠 영상 대본, 영어 공부까지 콘텐츠를 만들고 소통하는 데 챗GPT를 적극적으로 활용합니다.

**[이런 걸 배워요]**
결혼·돌잔치·부고 인사말 작성하기 / 다양한 스타일의 초대 문구 만들기 / 1분 쇼츠 대본 작성하기 / 후킹이 있는 제목 만들기 / 영어 회화 연습하기 / 맞춤형 학습 설정하기

### 6장 | 챗GPT로 데이터 정리하고 업무 문서 만들기

업무 효율을 높이는 문서 작업을 배웁니다. 보고서, 프레젠테이션, 도해 제작 등에 챗GPT와 다양한 AI 툴을 활용합니다.

**[이런 걸 배워요]**
PDF 보고서 요약, 슬라이드 만들기 / 감마로 PPT 만들기 / 냅킨으로 도해 정리하기

# 책의 구성 살펴보기

초보자가 쉽게 따라올 수 있도록 간단하고 직관적으로 구성했습니다. '시작해볼까요?'로 학습 포인트를 먼저 확인하고, '정리해볼까요?'에서 배운 내용을 복습합니다.

**시작해볼까요?**
학습 전에 배울 내용을 미리 확인할 수 있습니다.

**PC / 모바일**
챗GPT를 사용할 때 PC와 모바일 중 더욱 효과적인 방법을 제안합니다.

**실습 파일**
학습에 필요한 실습 파일입니다. 다운로드하는 방법은 012쪽을 참고하세요.

**TIP**
실습을 진행할 때 알아두면 도움이 되는 정보와 추가 설명입니다.

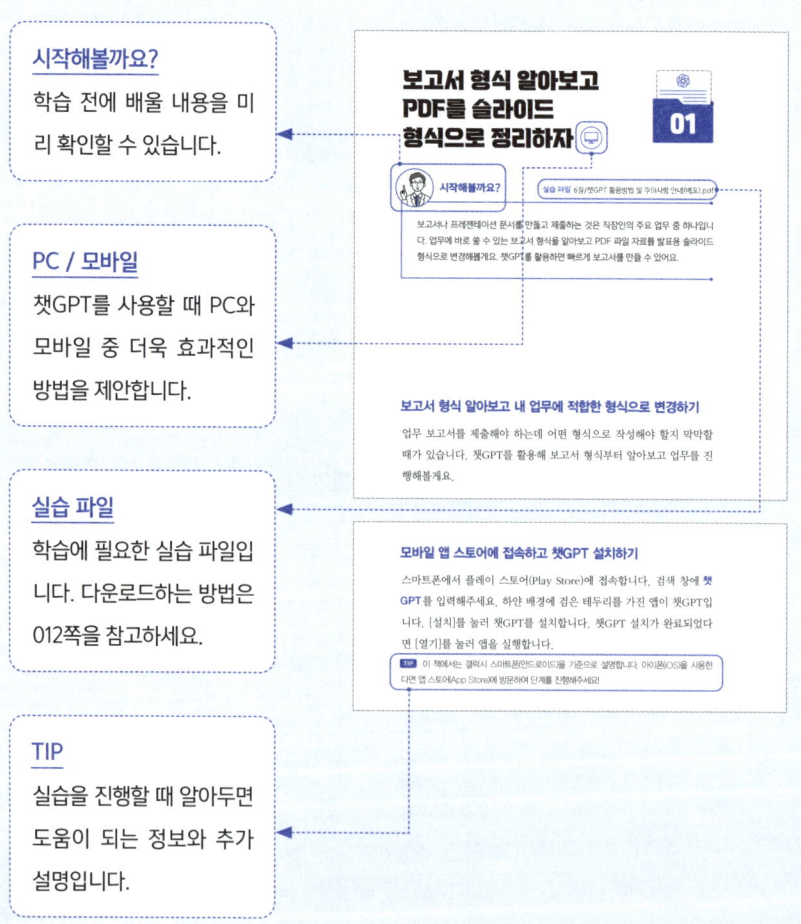

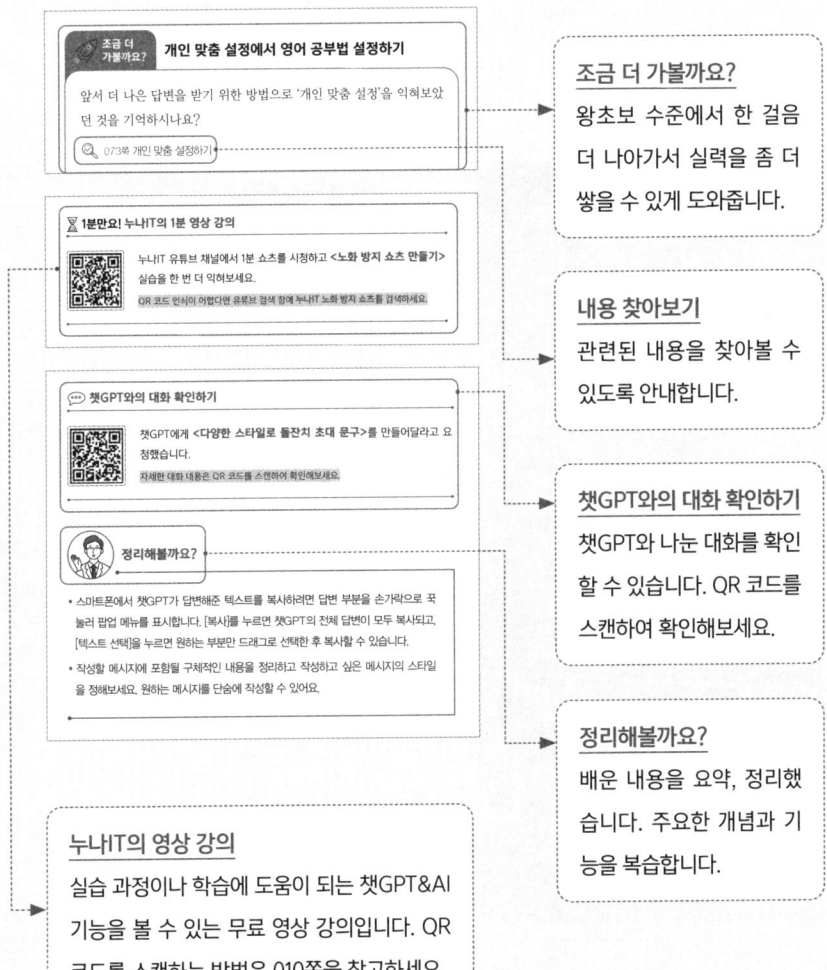

# 영상 강의 재생하기

IT 왕초보를 대상으로 오랜 기간 강의를 해온 '누나IT'의 친절한 챗GPT&AI 강의를 확인할 수 있습니다. QR 코드를 스캔해서 영상을 시청해보세요.

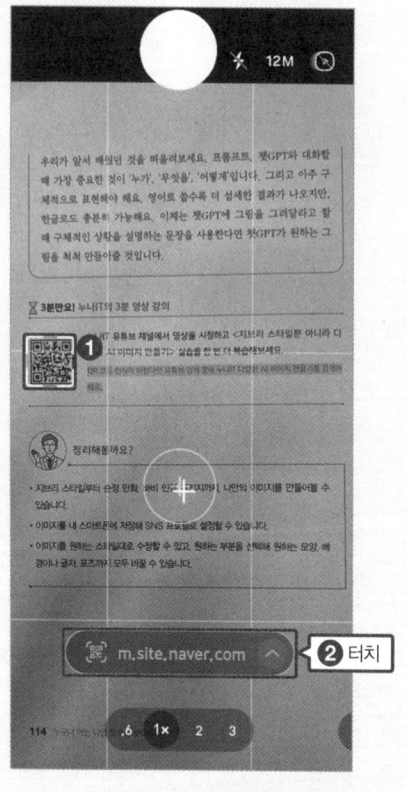

### 1. QR 코드 스캔하기

01 본문 내에 있는 동영상 강의 QR 코드를 확인합니다. 스마트폰의 기본 카메라 애플리케이션을 실행합니다. QR 코드에 카메라 초점을 맞춥니다.

02 잠시 후 접속할 수 있는 유튜브 링크가 나타나면 터치합니다. 영상이 자동으로 재생됩니다. 재생되지 않는다면 [재생] 버튼을 터치합니다.

## 2. 누나IT 유튜브 채널에서 시청하기

01 누나IT 유튜브 채널에 접속하고 [재생 목록]을 클릭합니다.
- www.youtube.com/@누나IT

02 [생성된 재생목록]에서 [누구나 아는 나만 모르는 챗GPT]를 찾아 클릭하면 강의를 시청할 수 있습니다.

## 3. 유튜브에서 키워드 검색하기

QR 코드로 영상을 재생하기 어렵다면, 유튜브 검색 창에 '키워드'를 입력하세요. 동일한 제목의 영상 강의가 나타나면 클릭해서 시청할 수 있습니다.

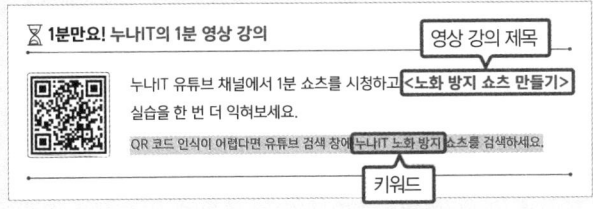

# 실습 파일 활용하기

이 책에 사용된 실습 파일은 한빛+ 홈페이지(www.hanbit.co.kr) 또는 자료실(www.hanbit.co.kr/src/11422)에서 다운로드할 수 있습니다. 다운로드한 파일은 압축을 해제한 다음에 사용하세요.

01 한빛+ 홈페이지(www.hanbit.co.kr)에 접속합니다. 메인 페이지에서 자료실을 클릭합니다.

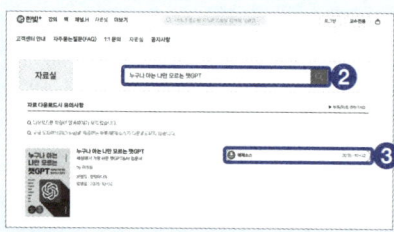

02 자료실 도서 검색란에 도서명을 입력하고 검색(돋보기)을 클릭합니다.

03 도서 정보가 표시되면 [예제소스]를 클릭해 실습 파일을 다운로드합니다.

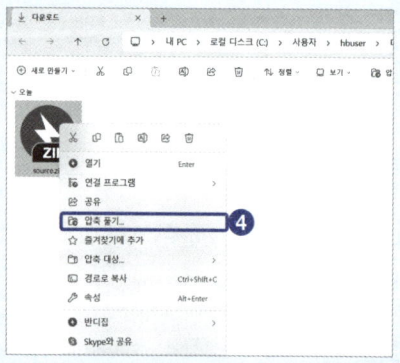

04 다운로드한 파일을 마우스 오른쪽 버튼으로 클릭하고 [압축 풀기]를 클릭합니다.

# 0장

# 왕초보가 챗GPT를 배워야 하는 이유

# 검색보다
# 훨씬 쉽다!

## 단어를 정확히 몰라도 정보를 빠르게 찾을 수 있어요

챗GPT는 사람처럼 대화할 수 있는 인공지능 AI 서비스입니다. 마치 친구나 전문가에게 하듯이 궁금한 점을 물어보면 챗GPT가 그에 맞는 답변을 해주는 거죠. TV 프로그램 〈무엇이든 물어보세요〉처럼 실생활에 필요한 다양한 질문을 할 수 있습니다. 그러면 챗GPT가 친절하게 답을 해줍니다. 건강이나 요리, 생활 팁 등 기본적인 질문은 물론이고, 다른 사람에게 물어보기 부끄러운 질문을 해도 챗GPT는 친절하고 꼼꼼하게 답을 해줍니다.

◀ 챗GPT는 정말 친절합니다

그런데 제가 강의 현장에 가보면 아직도 챗GPT가 무엇인지 시도조차 못하고 막막해하는 분들이 정말 많습니다. 챗GPT는 절대 어렵지 않습니다. 오히려 IT를 쉽게 다루는 사람보다 스마트폰이나 기기를 잘 다루지 못하는 사람에게 더 필요하다고 생각합니다.

인터넷 검색은 그 단어를 알아야만 검색할 수 있습니다. 예를 들어서 공구 '니퍼'를 찾으려고 할 때, 이 단어를 모르면 찾는 데 시간이 오래 걸릴 수 있습니다. 하지만 챗GPT는 다릅니다.

 공구 중에서 잘라내는 도구 이름이 뭐지?

이렇게만 입력해도 알아서 똑똑하게 찾아줍니다. 단어를 몰라도 괜찮아요. 떠오르는 생각을 입력만 해도 원하는 정보를 빠르게 찾을 수 있습니다.

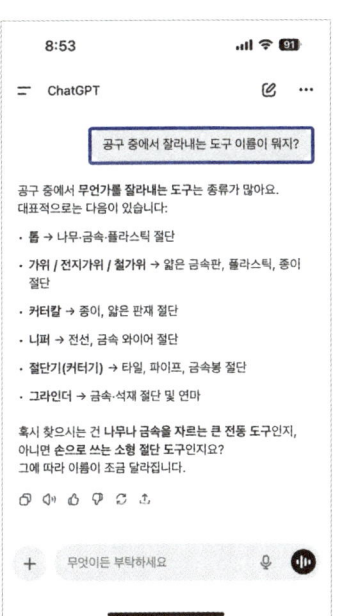

# 카카오톡만큼
# 간단하다

## 카카오톡만큼 쉬워서 바로 쓸 수 있어요

챗GPT 화면은 우리가 자주 사용하는 카카오톡 화면과 비슷하게 생겼습니다. 그래서 카톡만 사용할줄 안다면 챗GPT를 어렵지 않게, 쉽게 사용할 수 있어요. 친구에게 메시지를 보내는 것처럼 질문을 입력하면 되니까, 정말 쉽고 빠릅니다.

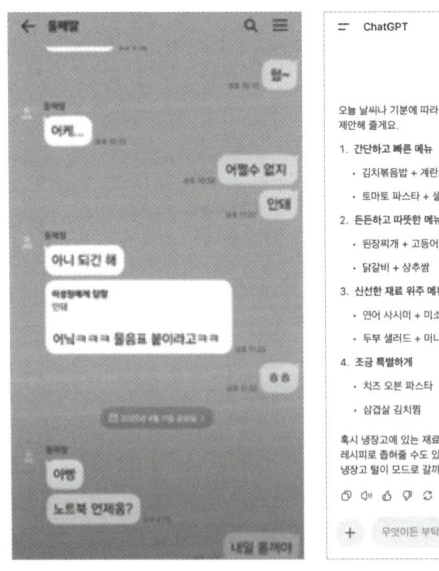

# 타자가 느리면
# 음성으로 물어본다

### 통화하듯이, 음성 입력 기능이 있어요

스마트폰이 익숙하지 않은 분들 중에는 타자가 느리거나, 또는 스마트폰을 새로 바꾸어 자판이 불편한 분들도 있습니다. 메시지를 보내려고 작은 화면을 들여다보면 눈도 아파지기도 하지요. 하지만 챗GPT는 일일이 타자로 글자를 입력하지 않아도 됩니다. 음성으로 말하면 내 말을 알아듣고 바로 답을 해줍니다.

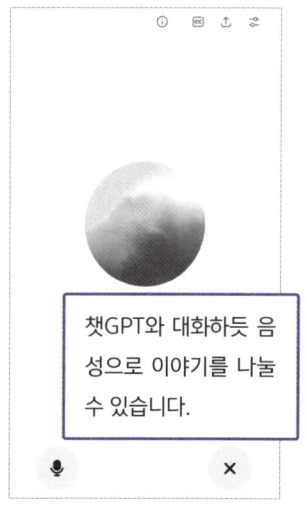

챗GPT와 대화하듯 음성으로 이야기를 나눌 수 있습니다.

 집에 있는 재료로 간단하게 요리할 수 있는 저녁 메뉴 추천해줘.

김치 볶음밥에 계란 프라이를 얹어서 먹는 건 어떠세요?
채소와 고기를 이용해서 볶음 요리도 괜찮아요. 어떤 재료가 있는지 알려주시면 더 구체적으로 추천해드릴게요.

이렇게 대화하듯이 음성으로 말하면, 똑같이 음성으로 답변을 들을 수 있습니다.

# 업무가
# 훨씬 빨라진다

## 챗GPT는 처리 속도가 빨라요

해야 할 일은 많은데 속도가 나지 않고, 남들보다 일처리가 느려서 답답해하는 분들도 있을 거예요. 이때 챗GPT를 잘 활용하면 업무 처리 속도를 높일 수 있습니다.

 오늘 회의 좀 정리해줘.

 고객 전화번호 목록 작성해줘.

 엑셀 함수 설명해줘.

일이 쌓여 막막해진 상태라면, 남들보다 일처리가 늦다고 생각되면 챗GPT를 활용해보세요. 글로, 말로 대화만 해도 챗GPT가 빠르고 친절하게 해결해줍니다.

이런 요청을 글이나 말로만 해도 챗GPT가 도와줍니다. 질문에 대한 답은 물론이고, 챗GPT가 다음 질문을 예상하여 업무를 제안해주기도 합니다. 그러면 일처리 속도도 올라가고 실수도 줄일 수 있겠죠.

# 물어볼 사람이 없을 때, 수백 번도 질문할 수 있다

### 반복된 질문에도 친절한 답변을 하는 똑똑한 친구예요

다들 아는 것 같은데 나만 몰라서 곤란할 때가 있습니다. 이럴수록 선뜻 누군가에게 물어보기가 곤란하죠. 그리고 나이가 들수록 궁금한 게 생겨도 주변에 물어볼 사람이 점점 줄어들잖아요. 부하 직원에게 물어보자니 눈치 보이고, 자녀한테 물어보면 "그걸 왜 몰라!" 하면서 되레 구박만 받습니다. 게다가 친절하게 설명해주지도 않죠.

하지만 챗GPT는 언제든지, 몇 번을 물어봐도 늘 친절하게 대답해줍니다. 밤이든 새벽이든 작은 질문도 무시하지 않고, 쉽고 자세하게 설명해주는 똑똑한 친구 같은 존재예요.

# 목차

| | |
|---|---|
| 머리말 003 | 학습 내용 미리 보기 006 |
| 챗GPT를 왜 배워야 하나요? 004 | 책의 구성 살펴보기 008 |
| 챗GPT 왕초보를 위한 〈누구나 아는 나만 모르는 챗GPT〉 005 | 영상 강의 재생하기 010 |
| | 실습 파일 활용하기 012 |

## 0장 | 왕초보가 챗GPT를 배워야 하는 이유

**검색보다 훨씬 쉽다!** ..... 014
단어를 정확히 몰라도 정보를 빠르게 찾을 수 있어요 ..... 014

**카카오톡만큼 간단하다** ..... 016
카카오톡만큼 쉬워서 바로 쓸 수 있어요 ..... 016

**타자가 느리면 음성으로 물어본다** ..... 017
통화하듯이, 음성 입력 기능이 있어요 ..... 017

**업무가 훨씬 빨라진다** ..... 018
챗GPT는 처리 속도가 빨라요 ..... 018

**물어볼 사람이 없을 때, 수백 번도 질문할 수 있다** ..... 020
반복된 질문에도 친절한 답변을 하는 똑똑한 친구예요 ..... 020

## 1장 | 챗GPT 시작 전에 꼭 알아야 하는 다섯 가지

**01 | 챗GPT에 가입하자** ..... 031
크롬 찾아서 인터넷 창 열기 ..... 031

# 목차

| | |
|---|---|
| 챗GPT 사이트 접속하기 | 032 |
| 챗GPT 회원 가입하기 | 034 |
| 챗GPT 무료 vs 유료 버전 차이 알아보기 | 036 |
| 조금 더 가볼까요? Plus 플랜으로 업그레이드하기(유료 구독) | 038 |
| 조금 더 가볼까요? 유료 구독 취소하기 | 039 |

## 02 | 챗GPT 화면 구성에 익숙해지자 — 041
기본 화면 구성 익히기 — 041
챗GPT 빠르게 불러오기(PC 버전 데스크톱 앱 설치) — 043
1분만요! 챗GPT 빠르게 불러오는 꿀팁 — 046

## 03 | 챗GPT와 첫 대화를 시작하자 — 047
어디서부터 시작할까요? — 047
새 채팅 열어보기 — 050
도구 기능 활용하여 질문하기 — 050

## 04 | 스마트폰에서 챗GPT를 써보자 — 053
모바일 앱 스토어에 접속하고 챗GPT 설치하기 — 053
챗GPT 로그인하기 — 054
3분만요! 챗GPT 쉽게 시작하기 — 055

## 05 | 챗GPT와 음성으로 대화하자 — 056
스마트폰으로 챗GPT와 대화하기 — 056
대화하듯 날씨 물어보기 — 058
음성 대화 내용 확인하고 다시 질문하기 — 059

## 2장 쉽지만 강력한 챗GPT 질문 방법 익히기

**01 | 챗GPT에게 질문해보자** ... 063
　먼저 '너는 누구야?'를 물어보세요 ... 063
　어떤 주제로 물어볼까요? ... 066

**02 | 챗GPT에게 구체적으로 질문해보자** ... 069
　질문은 구체적일수록 좋아요 ... 069
　`조금 더 가볼까요?` 구체적으로 질문하기 실전 연습! ... 071

**03 | 챗GPT에게 원하는 답변을 끌어내는 다섯 가지 방법** ... 073
　하나, '개인 맞춤 설정'을 설정해요 ... 073
　`조금 더 가볼까요?` 챗GPT 개인 맞춤 설정하기 ... 076
　둘, 챗GPT에게 역할을 부여해요 ... 076
　셋, 질문을 질문해요 ... 077
　넷, 꼬리에 꼬리를 무는 질문을 해요 ... 078
　다섯, 예시를 들어요 ... 079
　`조금 더 가볼까요?` 여전히 챗GPT 답변이 마음에 들지 않는다면? ... 080

## 3장 일상이 즐거워지는 챗GPT 활용 능력 키우기

**01 | 챗GPT로 여행을 준비하자** ... 083
　여행 계획을 세워봐요 ... 083
　`조금 더 가볼까요?` 여행 일정 짤 때 고려해야 할 다섯 가지 ... 085
　`챗GPT와의 대화 확인하기` 제주도 1박 2일 여행 일정 요청 ... 088

목차 **023**

# 목차

챗GPT에게 여행사 직원이라는 역할을 부여해요 089
조금 더 가볼까요? 맞춤형 일정을 짜는 프롬프트 꿀팁 090
9박 10일, 장기 여행에 필요한 짐을 싸봐요 092
조금 더 가볼까요? 맞춤형 짐 싸기 꿀팁 094
챗GPT와의 대화 확인하기 40대 남성의 9박 10일 유럽 여행 짐 목록 요청 094
카카오톡으로 여행 일정 공유하기 095
1분만요! 여행 계획 짜고 카톡으로 공유하기 096
컴퓨터(데스크톱 PC)에서 공유하기 096

## 02 | 챗GPT로 AI 이미지를 만들어보자 098
AI 이미지 만들기, 무료 버전도 가능해요 098
지브리 스타일로 만들어줘! 101
챗GPT와의 대화 확인하기 내 사진을 지브리 스타일로 만들기 102
이미지를 내 스마트폰에 저장하기 103
이미지 배경 지우기 104
다른 스타일로 바꿔보기 105
바비 인형 포장 스타일로 만들어줘! 106
액세서리, 글자를 넣을 수도 있어요 108
이미지의 글자 수정하기 110
조금 더 가볼까요? 다양한 이미지 생성 방법 111
조금 더 가볼까요? 이런 이미지는 어떻게 만드나요? 113
3분만요! 지브리 스타일뿐 아니라 다양한 AI 이미지 만들기 114

## 03 | 챗GPT에게 심리 상담을 받자 115
챗GPT에게 부부 상담 요청하기 115
상담할 때 챗GPT를 더 잘 써먹는 노하우 118
1분만요! 챗GPT와 심리 상담하기 121
챗GPT와의 대화 확인하기 자녀와의 대화 방법 요청 122

## 4장 | 챗GPT보다 더 재미있는 AI 툴 써보기

**01 | Suno로 생일 축하 노래를 만들어 선물하자**     125
    음악을 만드는 Suno, 가입하고 로그인하기     125
    직접 노래 만들어보기     127
    원하는 장르, 스타일로 만들어보기     129
    [조금 더 가볼까요?] 음악을 풍부하게 만드는 세 가지 옵션     129
    [조금 더 가볼까요?] Suno 유료 결제하기     131
    커스텀 기능으로 노래 만들어보기     133
    노래 다운로드하기     136
    카카오톡으로 노래 전송하기     137
    노래 커버 이미지 바꾸기     139
    [3분만에!] Suno AI로 생일 축하 노래 만들기     142

**02 | 챗GPT 유료 사용자라면 Sora로 살아 움직이는 영상을 만들자**     144
    챗GPT 유료로 업그레이드하기     144
    Sora에서 만들고 싶은 영상 스타일 고르기     145
    챗GPT에서 영상 프롬프트를 한글로 번역하고 문장 수정하기     147
    Sora 영상 프롬프트 입력하고 옵션 값 수정하기     148
    만들어진 영상 다운로드하기     151
    [1분만에!] 더 멋진 영상을 만들기 위한 프롬프트 활용법     152

**03 | 구글 노트북LM으로 내가 찾은 자료를 요약하고 공유하자!**     153
    노트북LM 사용 설정하기     153
    인터넷에서 찾은 자료를 마인드맵으로 요약하기     156
    인터넷에서 찾은 소스로 대화하는 팟캐스트 만들기     160

## 목차

| | |
|---|---|
| 완성된 AI 오디오 오버뷰를 음성 파일로 다운로드하기 | 161 |
| 조금 더 가볼까요? 선택한 소스를 기반으로 노트북LM에서 채팅하기 | 163 |
| 1분만요! 마인드맵, AI 오디오 오버뷰 소개 | 164 |

### 04 | 제미나이로 유튜브 영상 분석하고 @로 구글 서비스 연결하기   165

| | |
|---|---|
| 제미나이 사용 설정하기 | 165 |
| 유튜브 영상의 핵심만 뽑아 빠르게 요약, 분석하기 | 168 |
| 조금 더 가볼까요? 유튜브 영상 요약에 써먹을 수 있는 프롬프트 꿀팁 | 170 |
| @로 제미나이와 구글의 모든 서비스 연결하기 | 171 |
| 조금 더 가볼까요? 바로 실행할 수 있는 구글 서비스 활용법 | 173 |

### 05 | 나노바나나를 활용해 얼굴을 그대로 유지한 채 이미지를 수정해보자   175

| | |
|---|---|
| 나노바나나가 특별한 이유 | 175 |
| 스마트폰에 제미나이 앱 설치하기 | 176 |
| 음성으로 이미지 생성하고 편집하기 | 178 |
| 입고 싶은 옷을 내 사진에 합성해서 스타일 확인하기 | 182 |
| 조금 더 가볼까요? 인물 사진으로 3D 피규어 이미지 만들기 | 184 |
| 조금 더 가볼까요? 제미나이에서 프롬프트를 더 잘 만들 수 있는 꿀팁 | 185 |
| 3분만요! 나노바나나 소개 | 186 |

## 5장  챗GPT로 콘텐츠 만들어 활용하기

### 01 | 원하는 스타일로 경조사 문구 작성하고 메시지를 보내자   189

| | |
|---|---|
| 결혼식 축하 인사말 전달하기 | 189 |
| 장례식 위로 인사말 전달하기 | 193 |
| 챗GPT와의 대화 확인하기 부고 문자에 대한 답장 요청 | 194 |

| | |
|---|---|
| 돌잔치 초대 문구 작성하기 | 194 |
| `조금 더 가볼까요?` 다양한 스타일을 적용한 돌잔치 초대 메시지 살펴보기 | 197 |
| `챗GPT와의 대화 확인하기` 다양한 스타일로 돌잔치 초대 문구 요청 | 199 |

**02 | 구독자가 좋아할 만한 쇼츠 대본 만들고 제목을 지어보자**    200

| | |
|---|---|
| 내가 만들고 싶은 쇼츠 스타일 정하기 | 200 |
| 쇼츠 대본 만들고 수정하기 | 201 |
| 챗GPT가 써준 대본에 후킹 추가하기 | 203 |
| `챗GPT와의 대화 확인하기` 1분 쇼츠 대본 요청 | 204 |
| 조회수 높은 영상 참고해서 쇼츠 제목 만들기 | 204 |
| `챗GPT와의 대화 확인하기` 시청자의 궁금증을 유발할 수 있는 제목 요청 | 206 |
| `1분만요!` 노화 방지 쇼츠 만들기 | 206 |

**03 | 친절한 챗GPT 선생님과 영어를 공부하자**    208

| | |
|---|---|
| 진짜 유용해요! 고급 음성 모드로 영어 회화 연습하기 | 208 |
| `조금 더 가볼까요?` 개인 맞춤 설정에서 영어 공부법 설정하기 | 210 |
| 상황을 설정해요 | 211 |
| `조금 더 가볼까요?` 답변을 한국어나 영어로 받는 방법 | 212 |
| 질문하고 답을 해요 | 213 |

## 6장   챗GPT로 데이터 정리하고 업무 문서 만들기

**01 | 보고서 형식 알아보고 PDF를 슬라이드 형식으로 정리하자**    217

| | |
|---|---|
| 보고서 형식 알아보고 내 업무에 적합한 형식으로 변경하기 | 217 |
| 챗GPT로 PDF 자료 분석하고 슬라이드 형식으로 만들기 | 220 |
| `챗GPT와의 대화 확인하기` PDF 자료를 발표용으로 요청 | 223 |

# 목차

| 조금 더 가볼까요? 인터넷에서 주제 검색하고 PDF 자료 다운로드하기 | 223 |
| 1분만요! PDF AI 소개 | 224 |

**02 | 감마를 이용해 발표용 프레젠테이션 문서를 만들자** — 225

| 발표 자료를 감마에서 프레젠테이션 문서로 바꾸기 | 225 |
| 감마에서 만든 프레젠테이션 문서를 링크로 공유하기 | 232 |
| 감마 프레젠테이션 문서 확인하기 완성 문서 확인 | 236 |
| 1분만요! 감마 활용법 | 236 |

**03 | 냅킨을 이용해 파워포인트 도해를 보기 좋게 수정해보자** — 237

| 냅킨에서 더 적합한 도해 만들기 | 237 |
| PPT 파일로 다운로드한 후 도해 추가하여 수정하기 | 244 |
| 냅킨 도해 확인하기 완성 도해 확인 | 248 |
| 1분만요! 냅킨 활용법 | 248 |

영상 강의 로드맵 — 250

# 챗GPT 시작 전에
# 꼭 알아야 하는
# 다섯 가지

# 챗GPT에
# 가입하자

 **시작해볼까요?**

지금 시작해도 늦지 않습니다. 챗GPT가 처음에는 낯설어 보이지만 카카오톡보다 쉽고, 누구보다 친절합니다. 하나씩 해보면 쉽게 익힐 수 있습니다. 이제부터 컴퓨터(데스크톱 PC)에서 챗GPT에 접속하고 회원 가입하는 방법을 차근차근 알아보겠습니다.

## 크롬 찾아서 인터넷 창 열기

챗GPT는 컴퓨터와 스마트폰에서 함께 사용할 수 있습니다. 여기서는 컴퓨터에서 챗GPT 사이트에 접속하고 회원 가입한 후 화면 구성까지 찬찬히 살펴보겠습니다. 챗GPT는 인터넷으로 접속해서 사용하는 서비스예요. 그럼 먼저 인터넷 창을 열어야겠죠. 컴퓨터에서 크롬 브라우저를 찾아서 열어줍니다.

◀ 크롬 브라우저 아이콘은 이렇게 생겼어요

컴퓨터 화면 하단의 찾기 메뉴 또는 시작 메뉴에서 [Chrome]을 찾아 크롬 브라우저를 실행합니다.

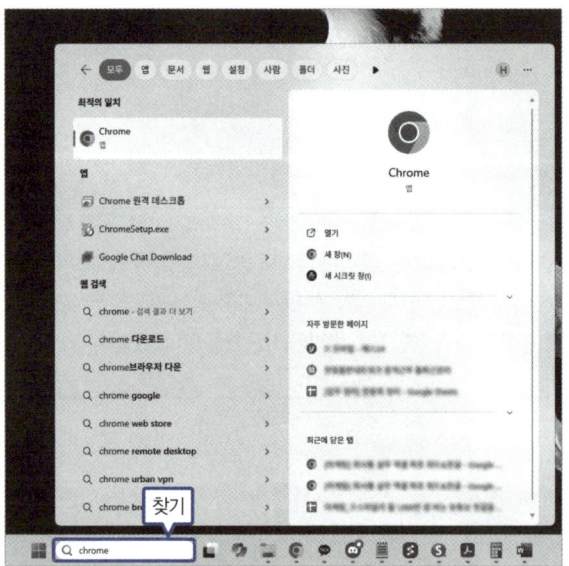

TIP 크롬 브라우저는 바탕화면에 바로가기 아이콘이 있습니다. 혹시 크롬이 없다면 구글, 네이버에서 **크롬 다운로드**를 검색하여 설치할 수 있습니다.

## 챗GPT 사이트 접속하기

크롬 브라우저를 열었다면 이제 주소를 입력할 차례입니다. 주소 입력 창에 chatgpt.com을 입력하고 Enter를 눌러 챗GPT 사이트에 접속합니다.

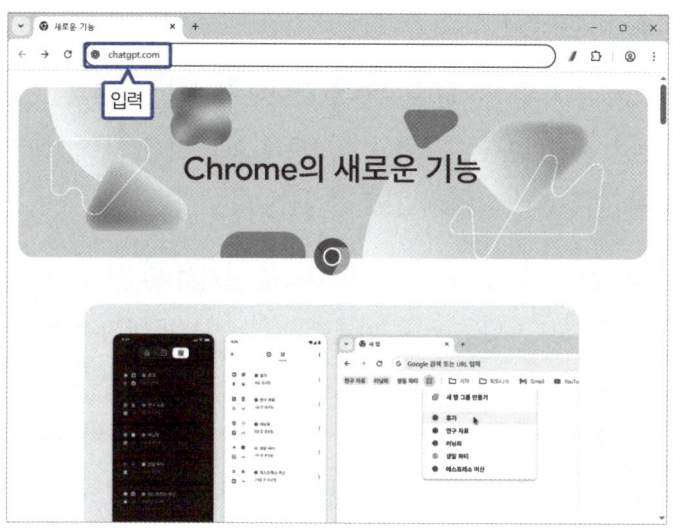

챗GPT에 처음 접속하면 아직 회원 가입을 하지 않은 상태라 [로그인], [무료로 회원 가입] 버튼이 나타납니다.

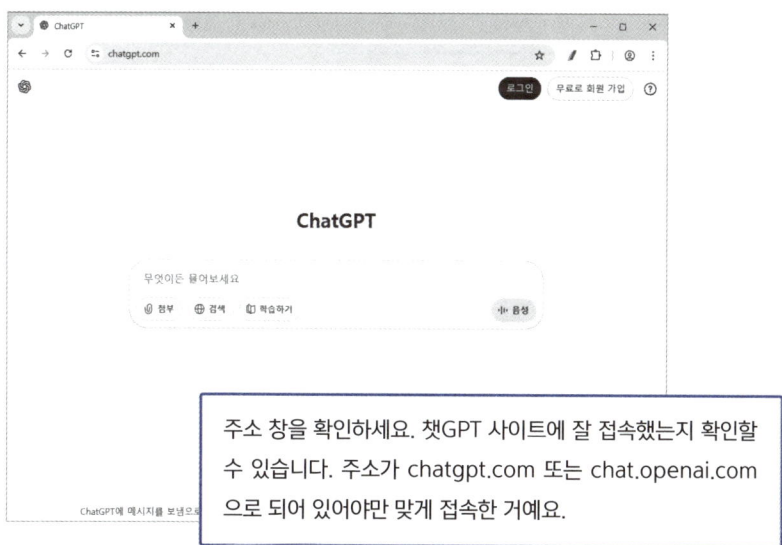

주소 창을 확인하세요. 챗GPT 사이트에 잘 접속했는지 확인할 수 있습니다. 주소가 chatgpt.com 또는 chat.openai.com 으로 되어 있어야만 맞게 접속한 거예요.

TIP 챗GPT는 회원 가입하지 않고도 대화를 이어 나갈 수 있습니다. 그러나 꾸준히 대화하고 효과적으로 사용하려면 회원 가입한 후 자신의 계정으로 로그인하는 것을 추천드려요.

## 챗GPT 회원 가입하기

크롬에서 챗GPT에 처음 접속하면 오른쪽 상단에 [로그인], [무료로 회원 가입] 버튼이 보입니다. 아주 쉽고 간단하게 회원 가입하는 방법을 알아보겠습니다. [무료로 회원 가입]을 클릭합니다.

챗GPT 회원 가입은 간단합니다. 이메일 주소를 입력하거나 다른 계정(구글, 마이크로소프트, 애플, 폰)을 연결할 수 있습니다. 가장 쉬운 방법은 구글 계정을 연결하는 것입니다. [Google로 계속하기]를 클릭해 자신의 구글(지메일) 계정과 연결하세요. 사용하는 지메일과 비밀번호를 입력하고 [다음]을 클릭하면 아주 간단하게 회원 가입이 됩니다.

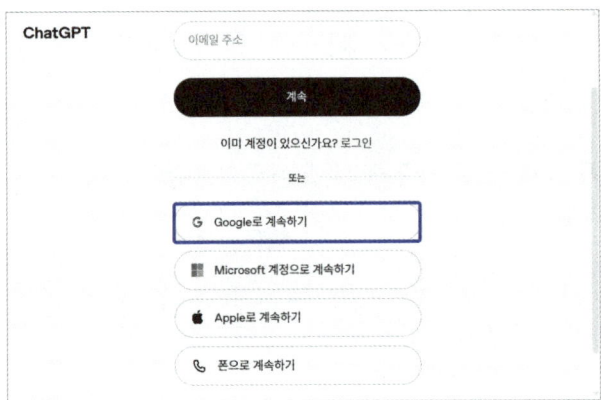

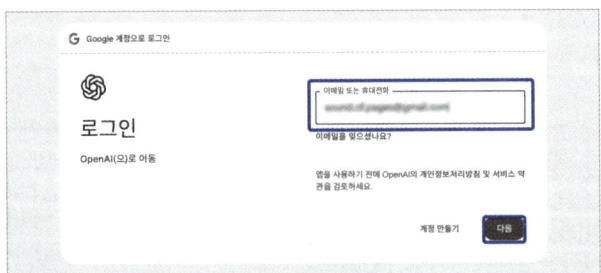

TIP 구글 계정을 연결하지 않고 이메일 주소를 입력해 가입할 수도 있습니다.

TIP 사용자에 따라 본인 인증을 해야 할 수도 있습니다.

일부 사용자에게는 이름 입력 창이 나올 수 있습니다. 본인의 이름을 한글이나 영어로 적고 생일을 입력합니다. 그런 다음 [개인정보 수집 및 사용(필수)] 등에 모두 체크하고 [계속]을 클릭해 가입을 이어 나갑니다.

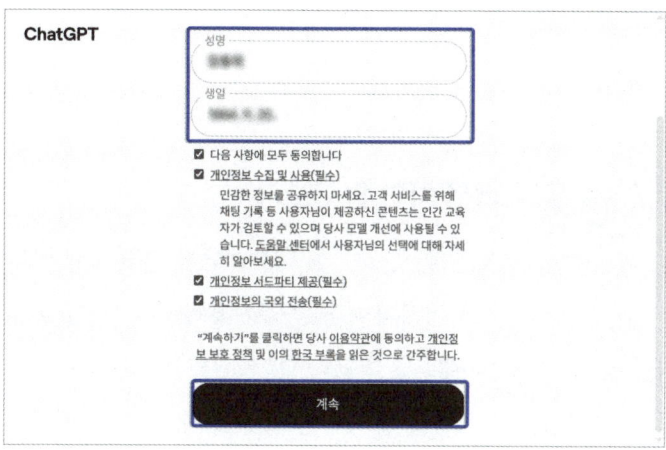

챗GPT를 어떤 용도에 사용하는지 체크하면 회원 가입은 끝났습니다. 챗GPT를 어떻게 사용하는지 소개 화면이 나오면 간단히 읽고 넘어갑니다.

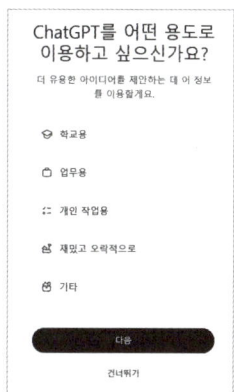 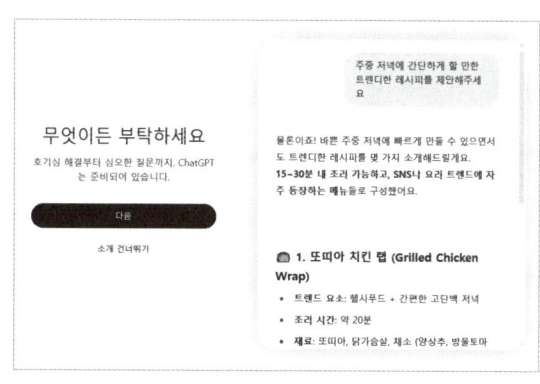

다음 화면이 나오면 챗GPT를 자유롭게 사용할 모든 준비가 완료된 것입니다. [계속]을 클릭하면 챗GPT 메인 화면이 나옵니다.

## 챗GPT 무료 vs 유료 버전 차이 알아보기

많은 분들이 챗GPT를 무료로 써도 되는지, 꼭 유료로 구독해야 하는지 물어봅니다. 결론부터 이야기하자면 무료로 사용할 수 있지만 유료로 업그레이드하면 더 많은 기능을 활용할 수 있습니다. 챗GPT 메인 화면 왼쪽 하단의 [업그레이드]를 클릭하면 플랜에 대한 설명 페이지로 이동합니다.

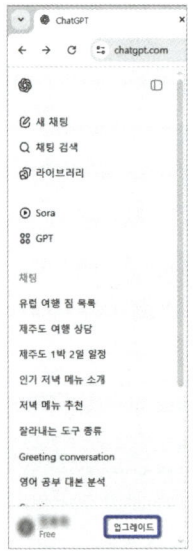
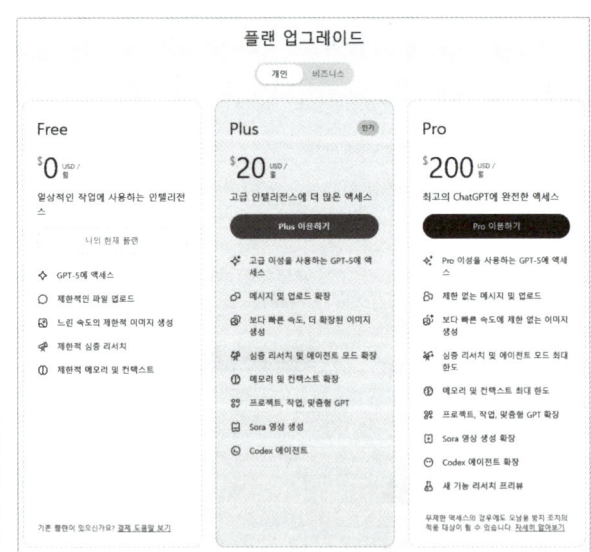

우선 무료 버전은 기본 모델인 GPT-3.5와 고급 모델인 GPT-4o를 사용할 수 있습니다. 다만 GPT-4o를 일정 횟수만 제한적으로 사용할 수 있습니다. 다음 표에서 무료와 유료 버전을 비교해보세요.

| 항목 | 무료 버전 | 유료 버전 (Plus) |
| --- | --- | --- |
| 사용 모델 | GPT-3.5, 4o 일부 제한 | GPT-3.5, 4, 4o, 5 모두 사용 가능 |
| 사용 제한 | GPT-4o만 제한적으로만 작동 | 3시간당 GPT-4o 80회까지 사용 가능 |
| 응답 속도 | 느릴 수 있음 | 대부분 빠르게 작동 |
| 새로운 기능 | 고급 기능 제한됨 | 새 기능을 먼저 사용 가능 |
| GPTs 기능 | 만든 GPT 사용만 가능 | 직접 만들기 + 다양한 GPTs 사용 가능 |
| 파일 업로드 | 제한적 (중요 파일 업로드 어려움) | 자유롭게 파일 활용 가능 |
| 가격 | 무료 | 월 24,000원 (미국 기준 $20) |

이 책은 기본적으로 챗GPT 무료 버전 기준으로 설명합니다.

챗GPT를 처음 써보는 입장이라면 무료 버전만으로도 충분합니다. 간단한 질문, 일상 정보, 글쓰기나 요약, 번역까지도 무리 없이 해낼 수 있습니다.

챗GPT-3.5와 4o(제한적)를 활용해 대부분의 기능을 충분히 익힐 수 있습니다. 다만, Sora 따라 하기처럼 일부 고급 기능은 유료 버전에서 실습하는 예제가 포함되어 있습니다. 유료 버전이 궁금하거나 잠시 써보고 싶다면 월 단위로 결제한 후 언제든 해지할 수 있으니 부담 없이 체험해봐도 좋습니다. 꼭 써야 하는 건 아니며, 무료만으로도 충분히 따라 할 수 있습니다.

🔍 144쪽 Sora 예제

 ## Plus 플랜으로 업그레이드하기(유료 구독)

챗GPT 화면에서 [ChatGPT]를 클릭하고 [업그레이드]를 클릭합니다.

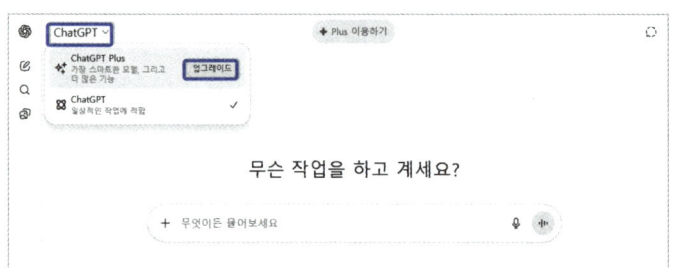

**TIP** 메인 화면 상단의 [Plus 이용하기]를 클릭해도 됩니다.

플랜 업그레이드 화면에서 [Plus 이용하기]를 클릭합니다.

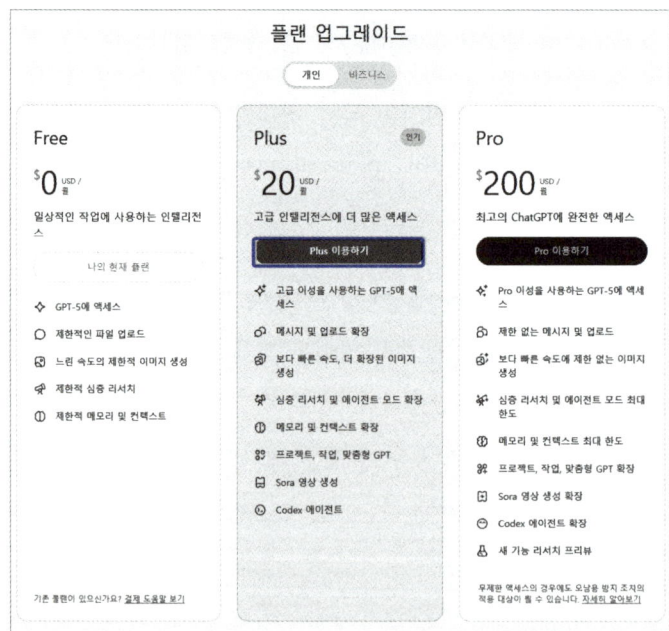

결제 카드 정보 등을 입력하고 [구독하기]를 클릭하면 유료(Plus 기능) 구독이 완료됩니다.

 **유료 구독 취소하기**

챗GPT는 월 단위 구독이라 언제든지 구독을 취소할 수 있습니다. 월 중간에 해지해도 남은 기간 동안은 계속 사용할 수 있어요.

챗GPT 메인 화면에서 왼쪽 하단의 내 프로필을 클릭하고 [설정]을 클릭합니다.

[계정]을 클릭하고 [관리]-[구독 취소]를 클릭합니다.

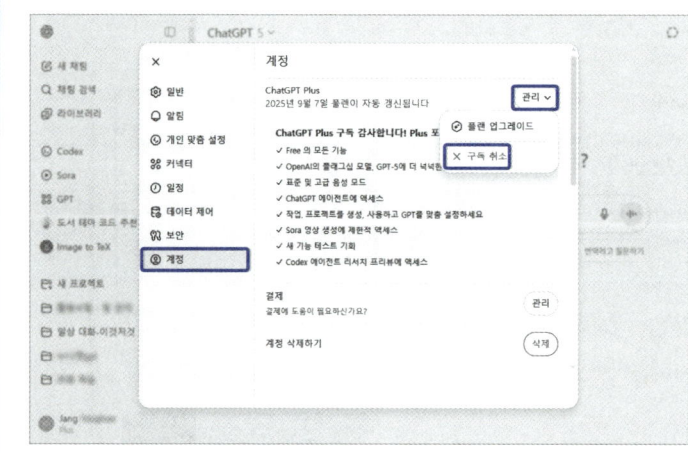

 **정리해볼까요?**

- 크롬 브라우저로 챗GPT에 접속해 무료로 회원 가입할 수 있습니다. 구글 계정을 연결하면 쉽고 빠르게 챗GPT를 이용할 수 있습니다.
- 필요한 경우에 Plus 플랜(유료 버전)으로 업그레이드할 수 있습니다. 그러나 처음에는 무료로도 충분하니 부담 없이 시작해보세요.

# 챗GPT 화면 구성에 익숙해지자

 **시작해볼까요?**

이제 챗GPT 화면을 하나씩 살펴보겠습니다. 각 영역의 기능을 익히고 질문할 위치를 정확히 알아두세요. 아주 심플한 화면이지만 전체 구성을 찬찬히 살펴보고 익숙해지는 것이 중요합니다.

## 기본 화면 구성 익히기

회원 가입 후 처음 보이는 실행 화면을 기준으로 챗GPT 메인 화면의 구성 요소를 살펴보겠습니다. 이제 진짜 챗GPT를 쓸 준비가 되었으니, 하나씩 차근차근 알아볼게요.

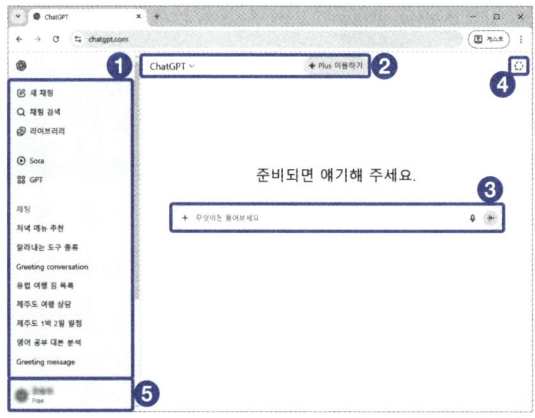

### ❶ 채팅 목록과 도구 모음

- **새 채팅** : 새로운 대화를 시작합니다. 챗GPT는 대화가 쌓이기 때문에 주제를 바꾸어 대화할 때는 [새 채팅]을 클릭해서 채팅을 이어 나가는 게 좋습니다.
- **채팅 검색** : 전에 했던 대화를 검색합니다.
- **라이브러리** : 챗GPT로 만든 이미지들을 한곳에 모아두고 관리할 수 있는 공간입니다.
- **Sora, GPT** : Sora를 활용해 비디오를 만들 거나 GPTs 도우미(챗GPT 안에 있는 맞춤형 챗봇)를 찾아 맞춤 기능을 적용할 수 있습니다.

　🔍 144쪽 Sora 실습 예시

### ❷ 챗GPT 기능 선택

- **버전** : [ChatGPT] 옆에 있는 화살표⌵를 클릭하면 버전이나 플랜 업그레이드를 선택할 수 있습니다.
- **Plus 이용하기** : 유료 버전을 이용하고 싶다면 클릭하여 유료 구독하여 플랜을 업그레이드합니다.

### ❸ 챗GPT에게 말 걸기

- **입력 창** : 챗GPT에게 질문을 입력하는 곳입니다. 키보드로 텍스트를 입력하고 Enter 를 누르면 챗GPT AI가 대답해줍니다.
- **파일 추가 및 기타** ➕ : 사진이나 파일을 첨부해서 챗GPT에게 질문할 수도 있어요. 너무 작은 글씨로 쓰인 사용 설명서나 외국어 메뉴 등을 번역할 때 활용하면 좋습니다.
- **음성 입력** 🎤, **음성 모드 사용** ⦿ : 클릭해서 음성으로 질문할 수 있습니다. 음성 모드 사용은 컴퓨터보다 스마트폰에서 편리하게 사용할 수 있습니다.

  🔍 056쪽 챗GPT와 음성으로 대화하자

### ❹, ❺ 계정 관리

- **임시** 🗨 : 새로운 대화를 시작할 수 있으며, 채팅 목록에 남지 않는 임시 채팅 기능입니다.
- **계정** : 플랜 업그레이드나 사용자 ChatGPT 맞춤 설정 등 계정 관리에 필요한 메뉴가 모여 있습니다.

  **TIP** 왼쪽 사이드바를 닫으려면 [사이드바 닫기 🗔]를 클릭합니다.

## 챗GPT 빠르게 불러오기(PC 버전 데스크톱 앱 설치)

챗GPT를 처음 사용하는 분들을 위해 크롬 브라우저에서 챗GPT 주소를 입력하여 접속하는 방법을 소개했습니다. 그러나 챗GPT에 접속할 때마다 웹 브라우저에서 주소를 입력하여 접속한다면 너무 번거롭겠죠. 이제는 단축키 Alt 와 Spcaebar 만 누르면 바로 챗GPT를 불러오고 쉽게 대화할 수 있습니다.

[시작■] 버튼을 클릭하고 [Microsoft Store]에 접속합니다.

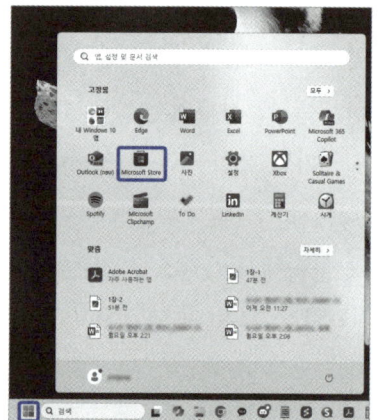

▲ 마이크로소프트 스토어 아이콘 이렇게 생겼어요

chatgpt를 검색한 후 [다운로드]를 클릭해 설치하세요. Plus 플랜(유료 구독)이 아니어도 사용할 수 있습니다.

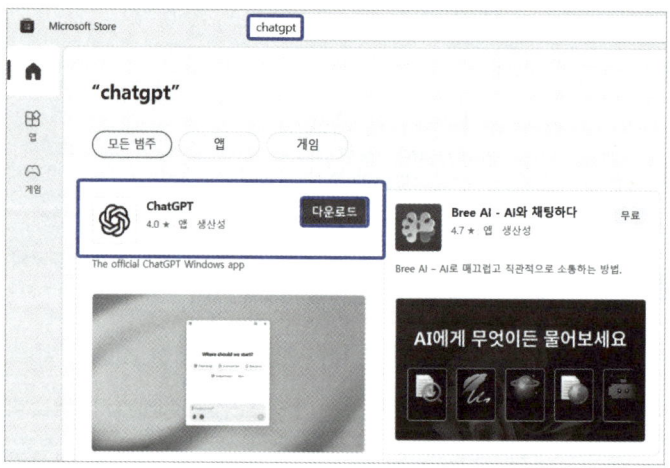

챗GPT 데스크톱 앱을 설치한 다음 로그인합니다. 앱을 처음 실행하면 애플리케이션 설정 창이 뜨는데, [ChatGPT 열기]를 클릭해 진행합니다.

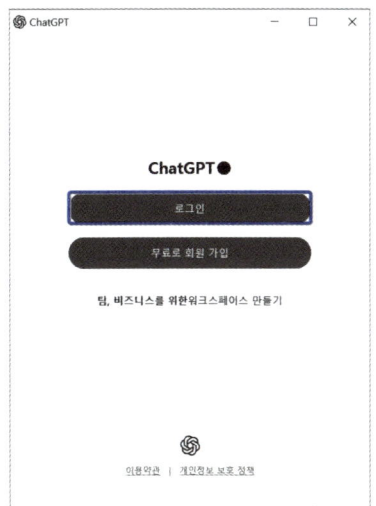

챗GPT 데스크톱 앱을 실행하면 안내 문구가 나옵니다.

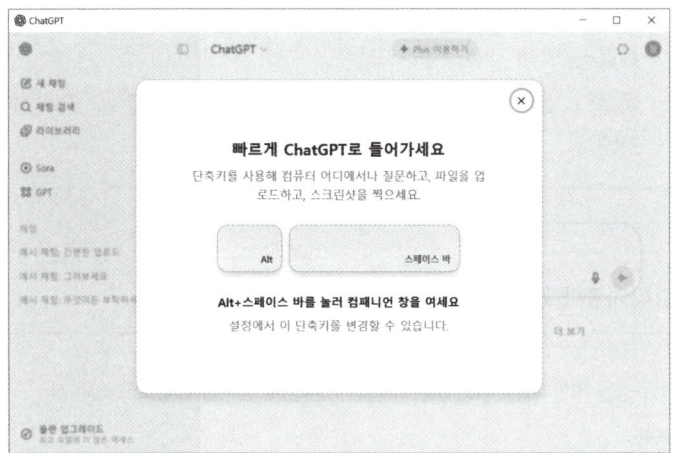

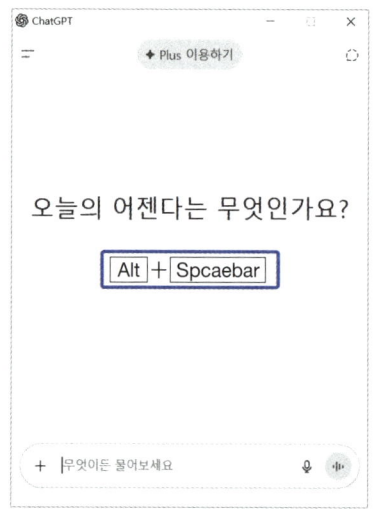

이제 Alt 를 누르고 바로 Spcaebar 를 함께 눌러 챗GPT를 빠르게 실행해보세요. 빠르게 질문할 수 있어요.

Alt 를 누르고 바로 Spcaebar 를 다시 누르면 데스크톱 앱이 사라집니다.

TIP 단축키가 작동되지 않으면 데스크톱 앱을 껐다가 단축키를 눌러보세요.

### ⏳ 1분만요! 누나IT의 1분 영상 강의

누나IT 유튜브 채널에서 1분 쇼츠를 시청하고 **<챗GPT 빠르게 불러오는 꿀팁>**을 한 번 더 복습해보세요.

QR 코드 인식이 어렵다면 유튜브 검색 창에 누나IT 챗GPT 빠르게 불러오는 꿀팁을 검색하세요.

### 정리해볼까요?

- 챗GPT 화면 구성을 익혔나요? 어떤 버튼이 어떤 기능인지 위치를 파악하고 쉽게 대화할 수 있습니다.
- 이제 더 이상 웹브라우저에서 챗GPT 사이트에 접속하지 않아도 됩니다. 데스크톱 앱을 설치하고 Alt 와 Spacebar 를 함께 눌러 빠르게 실행하고 질문해봅니다.

# 챗GPT와 첫 대화를 시작하자

 **시작해볼까요?**

챗GPT의 화면 구성을 익혔고 빠르게 실행하는 방법까지 확인했습니다. 이제 챗GPT와 첫 대화를 시작해보겠습니다. "뭐부터 눌러야 하지?"라고 고민하지 마세요. 챗GPT는 아주 쉽고 간단합니다.

## 어디서부터 시작할까요?

크롬 브라우저로 챗GPT에 접속했다면 이제 진짜 대화를 시작할 차례입니다. 챗GPT는 화면 구성도 심플하고 작동하는 방법도 카카오톡만큼 쉽습니다. 차근차근 따라 해보세요.

> TIP  크롬, 엣지, 사파리 같은 인터넷 브라우저에서 실습합니다. Alt 와 Spcaebar 를 함께 눌러 데스크톱 앱에서 실습해도 됩니다.

챗GPT 첫 화면에서는 '어디서부터 시작할까요?' 또는 '무엇을 도와드릴까요?', '준비되면 얘기해 주세요.'라는 문구가 보입니다. 이 문구는 '지금부터 어떤 질문이든 해보세요!'라는 뜻이고, 대화의 기본 상태입니다.

화면 아래 중앙에는 '무엇이든 물어보세요'라고 쓰여 있는 대화 입력창이 보입니다. 이곳에 하고 싶은 말과 질문을 쓰는 겁니다. 복잡하고 정돈되지 않아도 괜찮습니다. 이렇게 시작해보세요.

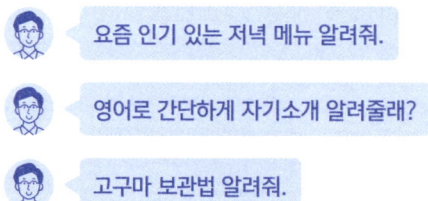

입력 후에는 Enter를 눌러 질문을 전송합니다. 카카오톡 대화하는 것과 똑같아요. 내 질문이 전송되면 잠시 후 챗GPT가 대답을 시작할 거예요. 대답은 텍스트 형태로 화면에 바로 나타납니다. 스크롤을 내려 대답을 확인해보세요.

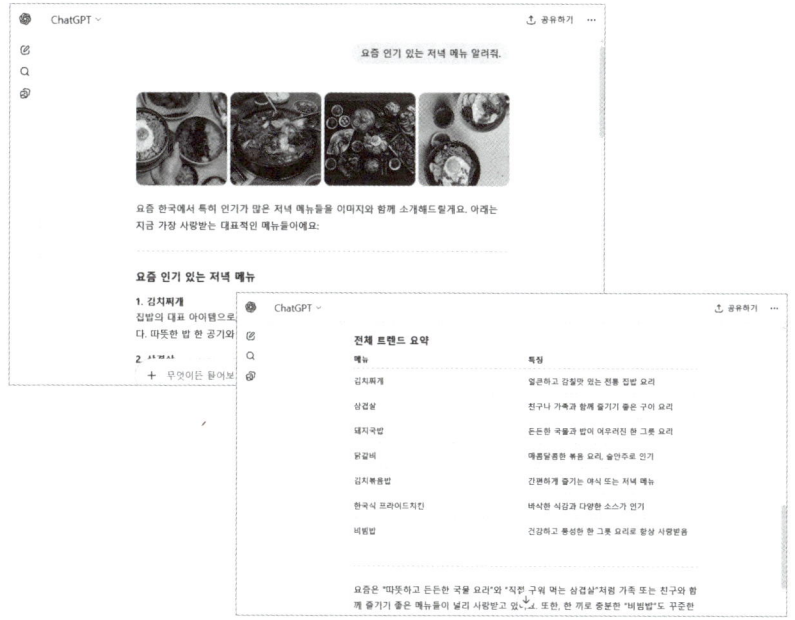

**TIP** 위 화면은 [사이드바 닫기 ⊡]를 클릭한 상태입니다.

챗GPT와의 첫 대화가 시작된 것입니다.

## 새 채팅 열어보기

한 가지 주제로 챗GPT와 대화를 나누다 보면 다음에는 전혀 다른 주제로 질문하고 싶을 수 있습니다. 이때는 기존 대화를 끊고 '새 채팅'을 여는 것이 좋습니다.

화면 왼쪽 사이드바를 보면 맨 위에 [새 채팅], 또는 [+New Chat] 메뉴가 있습니다. 클릭하면 이전 대화 내용은 종료되고 새 대화방이 열려 처음부터 대화를 시작할 수 있습니다.

새 채팅 기능을 사용하면 복잡하지 않고, 혼란 없이 다양한 주제로 대화를 나눌 수 있습니다. 예를 들어 요리법을 물어본 대화와 여행 정보를 묻는 대화를 각각 따로 구분해서 관리할 수 있어요. 이렇게 하면 나중에 다시 찾아볼 때도 훨씬 편리합니다.

TIP  전에 나누었던 대화는 사이드바의 채팅 목록에 남겨집니다.

## 도구 기능 활용하여 질문하기

입력 창에는 파일 추가 및 기타 아이콘 ⊞ 이 있습니다. 다양한 작업을 도와주는 도구로, 다음과 같이 사용하면 좋습니다.

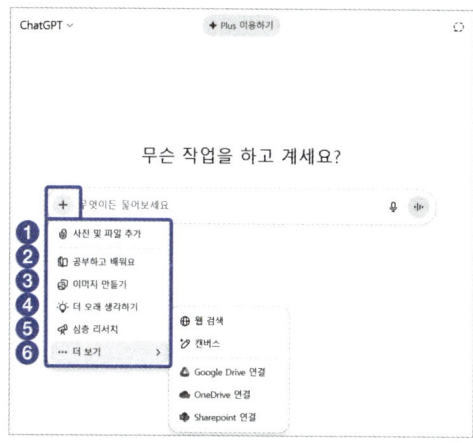

### ❶ 사진 및 파일 추가

대화에 사진이나 파일을 업로드해서 공유할 수 있는 기능입니다.

### ❷ 공부하고 배워요

해답 대신 단계별 가이드와 질문으로 학습을 돕는 기능입니다.

### ❸ 이미지 만들기

설명을 입력하면 AI가 해당 내용을 바탕으로 이미지를 생성해줍니다.

### ❹ 더 오래 생각하기

좀 더 심층적이고 신중한 답변을 제공하도록 AI가 시간을 더 들여 분석합니다.

### ❺ 심층 리서치

인터넷을 활용해 최신의 정확한 자료를 찾아 심층적으로 조사해 줍니다. 무료 사용자는 월 최대 5회까지 사용할 수 있습니다.

**❻ 더 보기**

- 웹 검색 : 인터넷에서 최신 정보나 자료를 검색해 가져옵니다.
- 캔버스 : 아이디어, 문서, 코드 등을 시각적으로 작성·편집할 수 있는 작업 공간을 엽니다.
- Google Drive 연결/OneDrive 연결/SharePoint 연결 : 구글 드라이브/원드라이브/셰어포인트와 연결해서 파일을 불러올 수 있습니다.

**정리해볼까요?**

- 챗GPT에서는 입력 창에 질문을 써서 쉽고 빠르게 AI와 대화할 수 있습니다.
- 다양한 주제로 여러 대화를 이어 나가고 싶다면 [새 채팅]을 열어 주제를 나누어 관리할 수 있습니다.
- 도구 기능을 활용하면 다양한 방식으로, 더 길게, 더 창의적으로, 시각적으로 답변을 확장할 수 있습니다.

# 스마트폰에서
# 챗GPT를 써보자

**04**

 **시작해볼까요?**

스마트폰으로 챗GPT를 사용하는 방법을 차근차근 알아보겠습니다. 컴퓨터도 편리하지만 스마트폰으로 챗GPT를 쓸 때 가장 큰 장점은 '스마트폰 마이크 기능을 활용해 키보드를 치지 않고 음성으로 대화할 수 있다'는 거예요. 그러므로 내 손 안의 친구, 스마트폰으로 쉽게 시작해보겠습니다.

## 모바일 앱 스토어에 접속하고 챗GPT 설치하기

스마트폰에서 플레이 스토어(Play Store)에 접속합니다. 검색 창에 **챗GPT**를 입력해주세요. 하얀 배경에 검은 테두리를 가진 앱이 챗GPT입니다. [설치]를 눌러 챗GPT를 설치합니다. 챗GPT 설치가 완료되었다면 [열기]를 눌러 앱을 실행합니다.

> **TIP** 이 책에서는 갤럭시 스마트폰(안드로이드)을 기준으로 설명합니다. 아이폰(iOS)을 사용한다면 앱 스토어(App Store)에 방문하여 단계를 진행해주세요!

> **TIP** 챗GPT와 관련된 유사 앱이 많습니다. 이름만 비슷한 앱을 설치하면 나도 모르게 돈이 빠져나갈 수도 있고, 진짜 챗GPT를 사용하지 못하게 됩니다. 꼭 주의해서 설치하세요. 하얀 배경에 검은색 테두리를 가진 앱, 이것이 진짜 챗GPT입니다.

## 챗GPT 로그인하기

모바일 앱을 처음 실행하면 다음 화면에서 '회원 가입하라'고 나올 텐데요. 이때는 [Google로 계속하기]를 눌러 편하게 로그인할 수 있어요. 우리는 앞서 크롬 브라우저에서 챗GPT에 회원 가입을 했습니다. 034쪽에서 가입한 구글 계정을 선택하면 아주 쉽습니다. 내 계정을 선택하고 [다음]을 누르면 어렵지 않게 스마트폰에서 챗GPT를 이용할 수 있습니다.

🔍 034쪽 챗GPT 회원 가입하기

  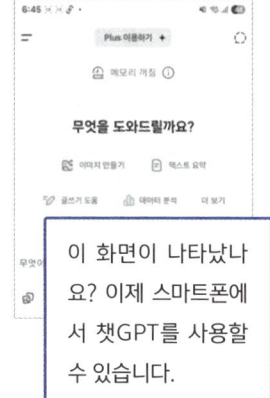

이 화면이 나타났나요? 이제 스마트폰에서 챗GPT를 사용할 수 있습니다.

### ⏳ 3분만요! 누나IT의 3분 영상 강의

누나IT 유튜브 채널에서 영상을 시청하고 **<특히 50대 60대가 챗GPT를 배워야 하는 이유 | 챗GPT 쉽게 시작하기>**를 한 번 더 복습해보세요.

QR 코드 인식이 어렵다면 유튜브 검색 창에 **누나IT 5060 챗GPT 배워야 하는 이유**를 검색하세요.

 **정리해볼까요?**

- 하얀 배경에 검은색 테두리를 가진 앱, 진짜 챗GPT를 설치해야 합니다.
- 챗GPT는 이렇게 쉽게 시작해보는 거예요. 자주 챗GPT와 대화해보면서 경험을 쌓는다면 다른 생성형 AI도 익숙하게 사용할 수 있을 겁니다.

# 챗GPT와 음성으로
# 대화하자

**05**

> **시작해볼까요?**
>
> 스마트폰에 챗GPT 앱을 설치했고 로그인까지 마쳤다면 챗GPT와 음성 대화를 시작해 볼 거예요. 스마트폰으로는 말로 질문하고 챗GPT가 말로 대답해주는 음성 대화가 가능합니다. 복잡한 설정 없이 바로 시작할 수 있어요.

## 스마트폰으로 챗GPT와 대화하기

본격적으로 스마트폰에서 챗GPT를 시작해볼 겁니다. 챗GPT 앱을 실행해 접속했다면 스마트폰의 화면 구성을 배우고 글을 입력해 질문을 해야 할 텐데요. 그러나 우리는 정말 쉽게 음성으로 질문을 해볼 거예요. 전혀 어렵지 않습니다.

모바일 앱 기본 화면은 042쪽에서 배운 기본 화면 구성과 비슷합니다.

🔍 041쪽 기본 화면 구성 익히기

음성 대화를 시작할 때는 화면 아래에 있는 검은색 버튼 [음성 모드 사용 ]을 누릅니다.

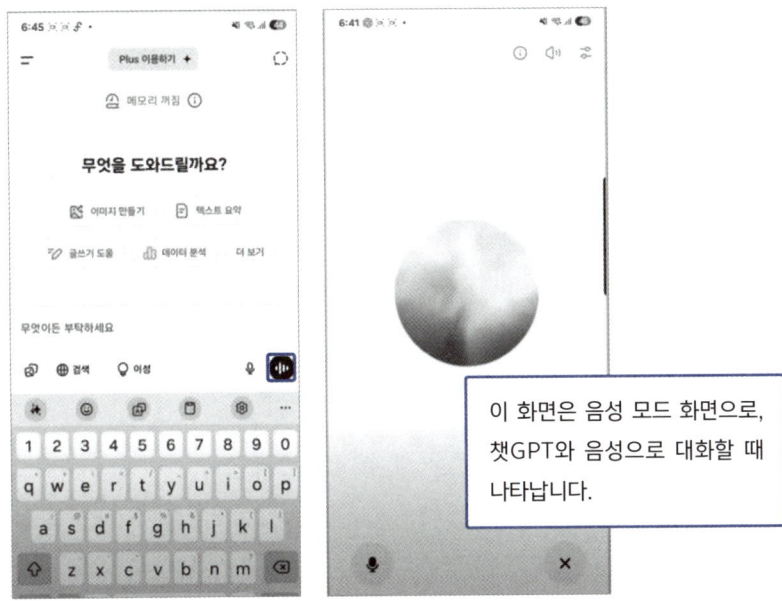

TIP  음성으로 챗GPT와 대화하려면 꼭 [음성 모드 사용 ]을 누르세요. 옆에 있는 마이크 아이콘 을 누르면 안 됩니다.

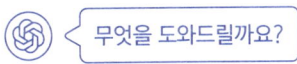

음성 모드가 시작되면 챗GPT의 소리가 들립니다. 이제 스마트폰 마이크에 대고 하고 싶은 질문을 해보세요.

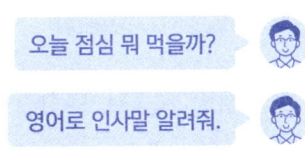

질문이 끝나면 내 음성이 자동으로 인식되고 챗GPT가 말로 대답해줘요.

1장  챗GPT 시작 전에 꼭 알아야 하는 다섯 가지  **057**

## 대화하듯 날씨 물어보기

음성으로 쉽게 대화를 시작해볼게요. 간단하게 날씨를 물어보겠습니다. 챗GPT는 현재 위치 기반으로 날씨를 알려줄 수 없지만, 도시 이름을 말하면 해당 지역의 날씨 정보를 제공해줍니다.

[음성 모드 사용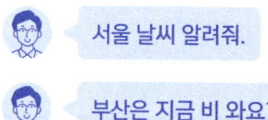]을 누르고 음성 모드가 시작되면 다음과 같이 말해보세요.

> 서울 날씨 알려줘.

> 부산은 지금 비 와요?

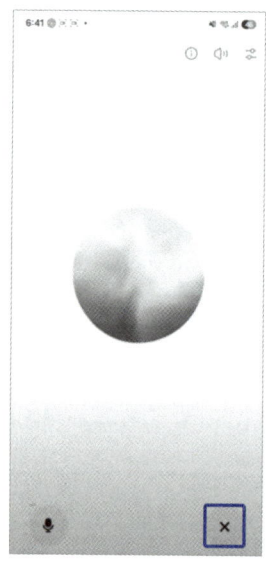

챗GPT가 음성으로 대답하고 대화를 끝내고 싶으면 [닫기 x]를 눌러 대화를 끝냅니다.

'음성 채팅 종료됨' 메시지가 나타나고 대화 나누었던 내용이 화면에 텍스트로도 나타납니다. 음성으로 물어본 질문과 대답을 차근차근 읽어 볼 수 있고 출처도 나타납니다.

TIP ☰를 눌러 채팅 목록에서 대화 내용을 다시 확인할 수 있습니다.

TIP 실시간 날씨는 외부 데이터를 참고해야 하므로, 인터넷 연결이 필요해요. 데이터나 와이파이를 사용하는 곳에서 사용해보세요.

## 음성 대화 내용 확인하고 다시 질문하기

챗GPT의 장점은 음성과 글을 자유롭게 오가며 대화할 수 있다는 것입니다. 앞서 우리는 대화하듯 음성으로 날씨를 물어봤는데요. 이번에는 음성 대화 내용을 확인하고 텍스트로 다시 질문해볼게요.

질문 입력 창에 이어가고 싶은 질문을 직접 입력하고 [보내기⬆]를 누릅니다.

이번 주말 서울 날씨 알려줘.

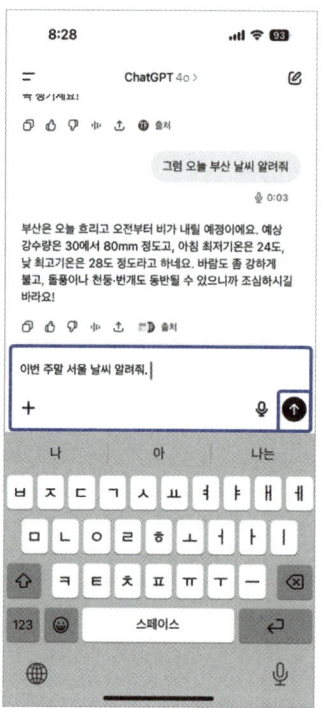 

질문 내용에 맞추어 챗GPT가 정확한 답변을 내놓습니다.

 **정리해볼까요?**

- 챗GPT와 음성으로 자연스럽게 대화하는 방법을 익혔습니다. [음성 모드 사용🔘]을 누르고 말하듯이 질문할 수 있습니다.
- 질문과 답변은 음성과 텍스트로 확인할 수 있습니다.

# 2장

# 쉽지만 강력한
# 챗GPT 질문 방법
# 익히기

# 챗GPT에게 질문해보자

**시작해볼까요?**

처음에는 어떻게 말해야 할지, 무엇을 물어봐야 할지 막막할 수 있어요. 그러나 챗GPT는 어떤 질문이든 친절하게 받아주는 대화 파트너입니다. 이번에는 챗GPT에게 어떤 식으로 질문을 던지면 좋은지, 어떤 주제를 고르면 쉬운지, 그리고 정확한 답변을 받기 위한 공식까지 알아보겠습니다.

## 먼저 '너는 누구야?'를 물어보세요

챗GPT를 처음 마주했을 때, 가장 좋은 첫 질문은 어렵거나 복잡한 내용이 아닙니다. 그냥 가볍게 말을 걸어보세요. 마치 처음 만난 사람에게 "안녕하세요?"라고 인사하듯이요. 딱 세 가지만 질문하면 챗GPT와의 대화를 편하게 이어 나갈 수 있습니다.

[질문1]

 너는 누구야?

 안녕하세요. 저는 여러분의 질문에 답변하고 도움을 드리기 위해 여기 있는 AI 챗봇이에요.
무엇이든 궁금한 것이 있으면 편하게 물어보세요.

[질문2]

 너랑 대화하고 싶어.

 물론이죠. 저도 대화하는 걸 좋아해요. 무슨 이야기 나누고 싶으세요?

[질문3]

 먼저 나한테 질문해줄래?

 좋아요. 최근에 재미있게 본 영화나 책이 있나요? 아니면 여행 가고 싶은 곳에 대해 이야기해볼까요?

이렇게 말을 이어 나가면 챗GPT와 계속 대화를 할 수 있어요. 실제 제가 챗GPT와 나누었던 대화를 보여드릴게요. 단, 챗GPT의 답변은 모두 똑같지 않으니, 다음과 같은 방식으로 대화가 이루어졌다는 것만 참고해주세요.

## [실제 챗GPT와의 대화]

 여행 말고 건강에 대해서 이야기하면 어떨까?

 좋은 생각이에요! 건강에 관해서라면 운동이나 식습관에 대해 이야기해볼 수 있어요. 특별히 관심 있는 건강 주제가 있나요?

 요즘 허리가 많이 아파서, 허리에 대해서 이야기하고 싶어.

 허리가 아프시군요. 허리 통증은 정말 불편할 수 있어요. 평소에 어떤 자세로 앉거나 서 있는지, 그리고 운동 습관이 어떻게 되는지 알려주시면 도움이 될 거 같아요.

 어, 나는 자세가 좀 나빠서 구부정한 자세로 많이 앉아서 그런지, 척추측만증이 있는 거 같아.

 척추측만증이 있으시다면 자세가 더 중요해요. 바른 자세를 유지하려고 노력하는 것이 도움이 될 수 있어요. 그리고 규칙적으로 스트레칭을 하거나 코어 근육을 강화하는 운동을 해보는 것도 좋습니다. 필요하다면 전문가와 상담해보는 것도 추천드려요.

어떤가요? 대화가 물 흐르듯 이어지죠? 챗GPT와 대화를 마쳤다면 대화 창을 닫아보세요. 스마트폰이라면 화면 오른쪽 아래에 있는 [닫기 ⓧ]를 누르면 됩니다. 그러면 우리가 대화했던 모든 내용이 카톡처럼 텍스트로 변환되어 있습니다. 다시 대화를 시작하고 싶다면 [음성 모드 사용 🎙]을 누르면 됩니다.

**TIP** 컴퓨터에서 대화를 했다면 그대로 창을 닫거나 [새 채팅]을 클릭해 새 대화를 이어 나가도 됩니다.

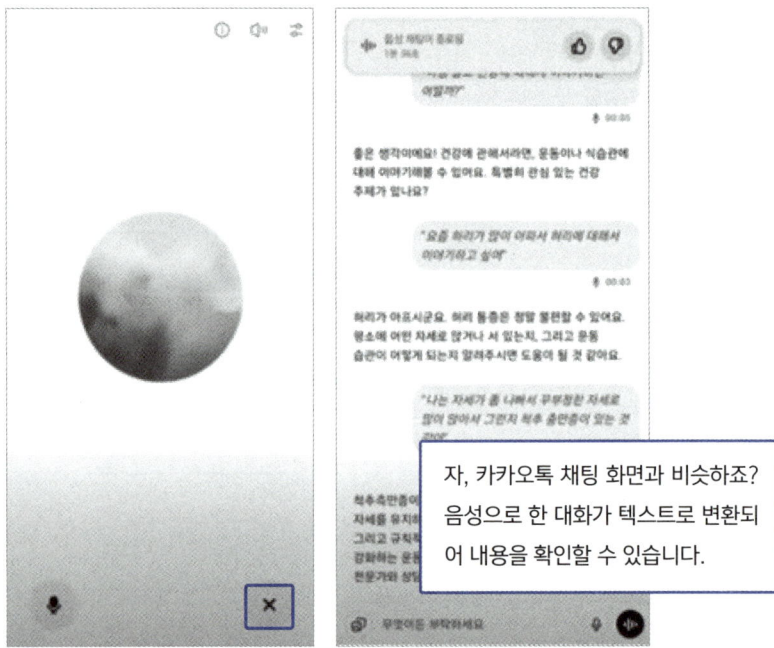

TIP 챗GPT는 정답을 맞히는 퀴즈 기계가 아닙니다. 당신과 함께 문제를 생각하고 해결해가는 대화형 도우미예요. 대화가 막히거나 잘 모르겠다면 오히려 더 쉽게, 솔직하게 물어보는 게 좋습니다.

## 어떤 주제로 물어볼까요?

자, 그럼 우리는 챗GPT에게 무엇을 질문하면 좋을까요? 앞서 이야기했던 다양한 질문에 대해 챗GPT는 친절하고 꼼꼼하게 대답해줍니다. 당장 질문이 떠오르지 않는다면 요즘 가장 관심 있는 걸 물어보세요. 건강이나 취업, 일상 질문 모두 가능합니다. 가볍고 일상적인 주제로 접근해보세요.

[건강]

 요즘 무릎이 자주 아픈데 어떤 운동이 좋을까?

 고혈압에 좋은 음식이 뭐야?

 혈당 낮추는 데 좋은 습관 알려줘.

[취업]

 정부에서 운영하는 취업 지원 제도 알려줘.

 경력 단절된 50대 여성이 다시 일하려면 어떤 준비가 필요해?

[일상]

 오늘 점심으로 계란을 이용해서 간단하게 만들 수 있는 요리 추천해줘.

 세탁기 냄새 안 나게 청소하는 방법 알려줘.

 9박 10일 해외여행 짐 목록을 알려줘.

이런 주제들은 일상과 밀접해서 대화가 자연스럽게 흘러갑니다. 그리고 챗GPT의 정보 제공 능력도 바로 확인할 수 있습니다. 챗GPT는 음성으로 질문하면 음성으로, 문자로 질문하면 문자로 대답해줍니다. 당연히 음성 내용은 카카오톡처럼 텍스트로 변환되고요. 친구와 대화하듯 다양한 주제로 질문해보세요.

**TIP** 질문이 떠오르지 않을 때는 이런 질문을 해도 좋아요. **챗GPT 초보자인데 뭐부터 물어보면 좋을까?** 그러면 챗GPT가 마치 선생님처럼 직접 질문 예시를 제안해주기도 합니다.

**정리해볼까요?**

- 챗GPT와의 대화는 가벼운 인사처럼 시작하면 됩니다. "넌 뭘 할 수 있어?"와 같은 질문도 좋습니다.
- 어떤 주제든 좋지만 처음에는 관심 있는 일상 주제로 질문해보세요.
- 질문하는 게 막막하다면 챗GPT에게 어떤 주제로 질문하면 좋을지를 역으로 물어보는 것도 좋습니다.

# 챗GPT에게 구체적으로 질문해보자

**02**

 **시작해볼까요?**

챗GPT와 대화하다 보면 '이게 무슨 말이지?' 싶을 때가 있습니다. 이때는 먼저 내 질문이 충분히 구체적이었는지 점검해봐야 합니다. 챗GPT는 사용자의 질문 속 맥락을 바탕으로 답을 하기 때문에, 질문 속에 정보가 부족하면 답변도 엉뚱해질 수 있습니다. 이번에는 챗GPT에게 더 똑똑하게 질문하는 법을 알아보겠습니다.

## 질문은 구체적일수록 좋아요

챗GPT에게 질문을 했는데 원하는 대답이 나오지 않을 때가 있습니다. '왜 이상한 대답을 하지?', '내가 원하는 대답은 이게 아닌데' 싶습니다. 챗GPT는 똑똑하지만 초능력자는 아니에요. 질문 안에 들어 있는 정보가 많을수록 더 정확한 대답을 해줍니다. 즉, 질문은 막연하지 않고 구체적이어야 해요. 그래야 챗GPT가 훨씬 더 정확하고 만족스러운 답을 해줍니다.

TIP 챗GPT와 처음 대화할 때는 가볍게 일상 질문을 던지는 게 좋다고 했습니다. 그러나 우리는 챗GPT를 다양하게 활용해야 하므로, 챗GPT에게 구체적으로 질문하는 법도 배워야 합니다. 초보자가 가장 많이 놓치는 부분이 '질문의 구체성'이에요. 챗GPT의 대답이 아쉬웠다면 질문을 바꿔보며 원하는 답을 끌어내보세요.

아래의 다양한 예시를 통해 알아보겠습니다.

### [단순한 질문]

 추천 영화 알려줘.

'추천 영화'라고 단순하게 질문하면 챗GPT는 어떤 영화를 '추천'해줄까요? 장르도, 시청 대상도, 분위기도 전혀 알 수 없어서 인기 있는 영화 리스트를 답변으로 내놓을 수 있습니다. 이럴 때는 어떤 주제의 영화인지, 장르는 무엇인지를 언급해주면 좋습니다.

### [구체적인 질문]

 가족과 함께 볼만한 코미디 영화 추천해줘.

여기서 좀 더 구체적인 질문을 할 수 있습니다.

### [좀 더 구체적인 질문]

 10대 아이들과 볼 수 있는 가족 코미디 영화 중, 최근 3년 내 개봉작 추천해줘.

이렇게 구체적인 질문을 하면 챗GPT의 답변 결과가 훨씬 만족스러울 것입니다. 다른 사례로 한 번 더 알아볼까요?

[두루뭉술한 질문]

 건강에 좋은 음식 알려줘.

이 질문 또한 너무 포괄적이네요. 구체적으로 질문해볼까요?

[구체적인 질문]

 혈압 관리에 좋은 음식 알려줘.

이 질문도 좋지만, 여기서 좀 더 구체적으로 질문할 수 있습니다.

[좀 더 구체적인 질문]

 고혈압 초기 증상이 있는 40대 직장인이 매일 먹을 수 있는 간편한 음식 추천해줘.

이런 질문은 챗GPT가 핵심을 잘 잡아서 답해주기 때문에 결과도 훨씬 실용적입니다. 단순한 질문보다는 구체적인 질문이, 그리고 좀 더 구체적인 질문이 훨씬 좋은 답변을 얻을 수 있습니다.

 **구체적으로 질문하기 실전 연습!**

챗GPT에 직접 실습해보겠습니다. 이어지는 질문들을 챗GPT에 직접 입력해보세요. 색으로 표시한 주요 단어들을 바꿔서 나만의 질문으로 응용할 수도 있어요.

[실습 1]

**30대 직장인 여성**이 **혼자 점심시간**에 읽기 좋은 **짧은 소설** 추천해줘.

[실습 2]

**여름철 장마 기간**에 **실내**에서 할 수 있는 **부모와 10대 자녀가 함께 즐기는** 놀이 추천해줘.

[실습 3]

**고3 수험생**이 **시험 전날** 먹으면 좋은 **소화 잘 되는 아침 식단**을 추천해줘.

[실습4]

**초보 운동러**가 **퇴근 후 집**에서 할 수 있는 **30분 근력 운동 루틴** 알려줘.

### 정리해볼까요?

- 챗GPT에게 원하는 답을 얻으려면 질문을 구체적으로 만들어야 합니다. 누가, 언제, 어떤 상황에 필요한 정보인지 담아보세요.
- 일상생활의 상황을 반영한 질문일수록 챗GPT가 더 유용한 답변을 내놓습니다.
- 여러 번 실습해보면서 구체적으로 질문하는 방법을 자연스럽게 익혀보세요.

# 챗GPT에게
# 원하는 답변을 끌어내는
# 다섯 가지 방법

**03**

 **시작해볼까요?**

챗GPT에게 구체적으로 질문해도 원하는 답변이 나오지 않을 때가 있습니다. 이때는 당황하거나 포기하지 말고 챗GPT를 조금만 다르게 활용해보세요. 챗GPT에게 원하는 답을 끌어내는 다섯 가지 똑똑한 방법을 알아보겠습니다.

## 하나, '개인 맞춤 설정'을 설정해요

챗GPT가 내 질문에 딱 맞는 답을 하지 못하는 이유는 '내'가 누군지 모르기 때문입니다. 개인 맞춤 설정을 하면 챗GPT가 내 관심사와 말투, 목적에 맞춰 더 정확하고 빠르게 답변해줍니다. 매번 설명하지 않아도 되니 효율적이고, 대화가 물 흐르듯 이어져 훨씬 편하고 유익해집니다.

> **TIP** 앞서 챗GPT의 화면 구성 요소를 알아볼 때 ChatGPT 맞춤 설정을 실습하지 않았습니다. 그러나 대화를 나누다 보면 원하는 답변이 나오지 않을 때가 생깁니다. 그때 챗GPT가 사용자를 더 잘 이해할 수 있도록 맞춤 설정을 하는 게 좋습니다.

챗GPT 앱 화면 왼쪽 상단의 [더 보기 =]를 누르고 왼쪽 아래에 프로필 아이콘을 선택합니다.

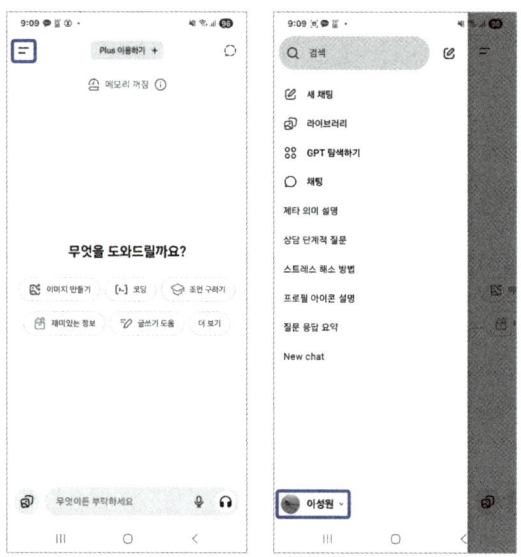

설정 메뉴에서 [개인 맞춤 설정]을 선택하고 [맞춤형 지침]을 선택합니다.

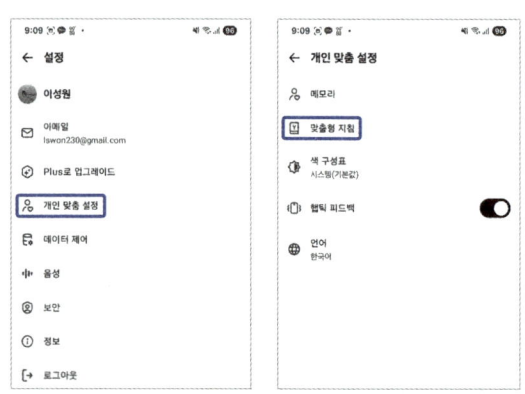

[맞춤형 지침]에서 내 정보를 보다 정확하게 입력합니다. 각 항목의 예시는 다음과 같습니다.

❶ ChatGPT가 어떻게 불러드리면 좋을까요?

→ 챗GPT가 사용자를 부를 때 쓰는 말입니다.
예 : 강사님, 선생님, 본인 이름(홍길동 님)

❷ 어떤 일을 하고 계신가요?

→ 직업, 업무 내용, 관심 있는 분야를 입력합니다.
예 : 가정주부, 디지털 마케터, 기술 리뷰와 트렌드 분석 관심

❸ ChatGPT가 어떤 특성을 지녔으면 하나요?

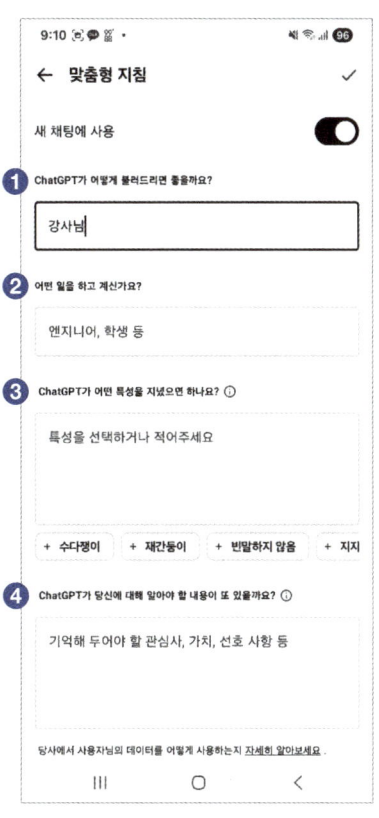

→ 답변 스타일을 설정합니다. 아래에 나와 있는 버튼을 선택하거나 직접 입력합니다.
예 : 직설적인 답변, 기술은 상세하게 설명

❹ ChatGPT가 당신에 대해 알아야 할 내용이 또 있을까요?

→ 챗GPT가 기억해두어야 할 관심사나 가치, 선호 사항을 입력합니다. 취미, 주요 관심사 등을 입력합니다.
예 : AI 기술, 유튜브 운영, 영화와 음악 관심

 **조금 더 가볼까요?** **챗GPT 개인 맞춤 설정하기**

아직 맞춤 설정이 익숙하지 않다면 아래 내용을 참고하여 입력해 보세요.

| 일반인용 | 가정주부용 |
| --- | --- |
| ChatGPT가 어떻게 불러 드리면 좋을까요?<br>▶ 선생님이라고 불러줘. 항상 존댓말로 정중하게 답해줘.<br><br>어떤 일을 하고 계신가요?<br>▶ 현재 자영업을 하고 있으며, 블로그와 유튜브로 정보도 자주 찾아보고 있어. 요즘 AI 기술과 유튜브로 돈 벌기에 관심 많아.<br><br>ChatGPT가 어떤 특성을 지녔으면 하나요?<br>▶ 항상 쉬운 한국어를 사용하고, 기술적인 내용은 너무 어렵지 않게 설명해줘. 필요한 경우 예시나 비유도 들어줘.<br>반드시 신뢰할 수 있는 출처를 기반으로 작성해줘.<br><br>ChatGPT가 당신에 대해 알아야 할 다른 내용이 있을까요?<br>▶ 건강 관리, 여행에 관심이 많고, 요즘은 인공지능을 활용한 생활 팁이나 스마트폰 활용법에 대해 알고 싶어. | ChatGPT가 어떻게 불러 드리면 좋을까요?<br>▶ 나를 '이성원님'이라고 불러줘. 항상 존댓말로 정중하게 말해줘.<br><br>어떤 일을 하고 계신가요?<br>▶ 전업주부로 가족의 식사, 살림, 건강 관리를 주로 해. 가끔 블로그나 유튜브에서 유용한 정보도 찾아보고 있어.<br><br>ChatGPT가 어떤 특성을 지녔으면 하나요?<br>▶ 설명은 친절하고 쉽게 해줘. 요리나 건강, 생활 정보는 실생활 중심으로 자세히 알려줘.<br><br>ChatGPT가 당신에 대해 알아야 할 다른 내용이 있을까요?<br>▶ 요리, 반찬 아이디어, 가족 건강, 집안 정리, 절약 팁에 관심이 많고, AI도 조금씩 배워보고 싶어. |

## 둘, 챗GPT에게 역할을 부여해요

챗GPT는 아무 역할이 없을 때보다 어떤 역할을 맡겼을 때 훨씬 더 자연스럽고 전문적으로 대답합니다. 쉽게 말해 챗GPT는 누구의 입장에서 대답하느냐에 따라 말투, 깊이, 내용 구성이 크게 달라집니다. 단순히 정보를 나열하기보다 전문가처럼, 친절한 선생님처럼, 마케팅 기획자처럼 말하게 할 수 있습니다.

[역할 없이 질문]

 운동 루틴 좀 알려줘.

[역할을 부여해서 질문]

 너는 50대 남성을 위한 헬스 트레이너야. 무리하지 않으면서 체력을 기를 수 있는 주 3회 운동 루틴을 알려줘.

그렇다면 챗GPT에게 어떻게 역할을 부여하면 될까요? 아주 쉽습니다. 대화하듯이 챗GPT에게 상황과 역할을 풀어서 설명합니다.

- 당신은 지금부터 나의 맞춤 여행 가이드입니다.
- 50대 주부를 위한 재테크 전문가라고 생각하고 조언해주세요.
- 초등학교 선생님처럼 아주 쉽게 설명해주세요.
- 나를 고객이라고 생각하고 설득력 있게 발표해줘.

## 셋, 질문을 질문해요

초보자는 챗GPT에게 '어떻게 물어봐야 하지?'라고 고민합니다. 질문하는 법이 익숙하지 않고, 질문하는 것이 어렵기 때문입니다. 이럴 때는 좀 더 간단하게 생각해보는 것이 좋습니다. "이 주제를 어떻게 물어보면 좋을까?" 하고 챗GPT에게 질문 만드는 법을 물어보는 겁니다. 그러면 질문하는 법을 배울 수 있습니다.

▶ **상황과 질문 방법**

1. **상황** : 인공지능 기술에 대해 알고 싶은데 막연할 때
   ▶ **질문** : AI 기술에 대해 질문하고 싶은데, 어떻게 물어보는 게 좋을까?
2. **상황** : 블로그 글을 쓰고 싶지만 어떤 구조로 질문해야 할지 모를 때
   ▶ **질문** : 블로그 글을 잘 쓰려면 너에게 어떻게 질문해야 돼?
3. **상황** : 사업계획서를 한 번도 만들어보지 않았을 때
   ▶ **질문** : 사업계획서 작성하려면 어떻게 질문해야 돼?

더 쉬운 방법도 있습니다. 단순하게 "이건 왜 이런 거야?" 하고 다시 물어보는 것이죠. 챗GPT의 답변을 다시 해석하게끔 질문을 던지면 정보가 점점 더 명확해지고 풍부해집니다.

## 넷, 꼬리에 꼬리를 무는 질문을 해요

챗GPT와의 대화를 한 번에 끝내려 하지 마세요. 챗GPT와의 대화는 마치 사람과 대화하는 것과 비슷합니다. 처음에는 서로 오해가 생길 수도 있습니다. 처음 던진 질문에 마음에 들지 않는 답이 돌아오면, 그것을 바탕으로 한 번 더 물어보면 됩니다.

[첫 번째 질문]

 가을에 제주도 여행 가려는데 추천해줘.

제주도의 가을은 아름답습니다. 한라산, 섭지코지, 오름 등이 좋습니다.

어라? 매우 막연하고 너무 일반적인 답입니다. 한 번 더 질문을 해보겠습니다.

[두 번째 질문]

 나는 자연보다는 조용하고 예쁜 카페를 가고 싶어.

[세 번째 질문]

 혼자 가는 여행인데, 사진 찍기 좋은 곳이 더 있을까?

이렇게 상황을 점점 좁혀가면서 질문하면, 챗GPT도 방향을 잡고 더 정확하고 만족스러운 답을 주게 됩니다.

### 다섯, 예시를 들어요

앞서 챗GPT에게는 구체적으로 질문해야 한다고 말했습니다. 단순한 질문도 구체적으로 물어야 하고, '지시 → 예시 → 질문' 공식을 써도 좋은 답변을 얻을 수 있습니다.

말로만 설명하면 챗GPT가 맥락을 제대로 이해하지 못하는 경우가 많습니다. 이때는 내가 원하는 답변의 예시를 보여주는 것이 아주 효과적입니다.

 영화 제목 : 인사이드 아웃
개봉 연도 : 2015
줄거리 요약 : 기쁨, 슬픔, 분노, 까칠, 소심이라는 감정들이 라일리라는 아이의 마음속에서 벌이는 유쾌한 모험 이야기
한 줄 평 : 다채로운 감정의 세계를 사랑스럽고 깊이 있게 그려낸, 남녀노소 모두가 즐길 수 있는 최고의 감정 교육 영화

이 형식에 맞춰서 영화 '미니언즈 2'에 대한 평점을 요약해줘.

 **여전히 챗GPT 답변이 마음에 들지 않는다면?**

다섯 가지 방법을 써보아도 챗GPT 답변이 마음에 들지 않을 수 있습니다. 이때는 한 번 더 질문을 해보세요. 아래와 같은 상황에 사용해보면 좋습니다.

**답변의 톤이 마음에 안 들 때**

→ 친근한 말투로 설명해줘.
→ 구어체로 작성해줘.

**답이 너무 복잡하거나 길어서 헷갈릴 때**

→ 핵심만 세 줄로 요약해줘.

**다른 관점이나 비교가 필요할 때**

→ 방금 설명한 것의 장단점을 표로 보여줘.

 **정리해볼까요?**

- 챗GPT가 원하는 대답을 해주지 않을 때는 그냥 포기하거나 답답해만 하지 말고, 다섯 가지 방법을 적용해봅니다.
- 챗GPT가 내 질문을 잘 이해하지 못하더라도 내가 한 번 더 똑똑하게 물어보면 챗GPT도 정확하게 답을 줄 것입니다.

# 3장

# 일상이 즐거워지는 챗GPT 활용 능력 키우기

# 챗GPT로 여행을 준비하자

**01**

### 시작해볼까요?

여행은 설레지만 준비는 쉽지 않습니다. 어디를 가고, 일정은 어떻게 짜고, 짐은 어떻게 챙길지 복잡하죠. 이때 챗GPT는 최고의 여행 동반자가 될 수 있습니다. 챗GPT와 함께 여행 계획을 세우는 과정을 참고하여 실전에서 바로 쓸 수 있는 예시와 프롬프트까지 확인해보세요.

## 여행 계획을 세워봐요

챗GPT와 대화하듯 쉽고 빠르게 여행 계획을 세울 수 있습니다. 챗GPT 앱에서 **1박 2일 제주도 여행 일정 짜줘.**를 입력해보세요.

🔍 069쪽 챗GPT에게 구체적으로 질문해보자

3장 일상이 즐거워지는 챗GPT 활용 능력 키우기 **083**

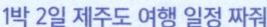 1박 2일 제주도 여행 일정 짜줘.

위와 같이 챗GPT에게 요청하면 챗GPT가 간단하게 일정을 제안해줍니다.

**1일차 (동부 → 중남부 집중 코스)**

**오전**
- 도착 후 렌터카 픽업
- 성산일출봉(일출봉) – 제주 동쪽 대표 명소, 분화구와 일출이 환상적입니다. 약 30분 올라가기 좋아요.
- 섭지코지 – 드라마 촬영지로 유명한 해안 산책로, 잔잔한 바다 풍경이 매력적입니다.

**점심**
- 성산/섭지코지 근처 식당에서 해산물 또는 뚝배기 국물요리

**오후**
- 아쿠아플라넷 or 제주해녀박물관 – 비 오는 경우 실내 대체 가능 (자녀 동반 시 추천)
- 대포주상절리 – 남쪽 해안 절벽의 기암괴석과 파도 풍경 감상
- 천제연 또는 정방폭포 – 남해 바다로 직접 떨어지는 폭포, 사진 장소로 인기

(생략)

이 일정은 인기 명소와 맛집, 경치 좋은 드라이브 루트를 알차게 구성했어요. 원하시는 스타일(힐링 쇼핑, 액티비티, 등산 등)이 있을 경우 알려주시면 커스텀 일정으로 재작성도 가능합니다.

> **TIP** 책에서는 챗GPT의 답변 중 내용 이해에 문제가 없는 경우 일부 답변을 '(생략)' 했습니다.

하지만 이렇게 입력하면 챗GPT는 일반적인 여행 코스를 추천해줄 뿐, 내 상황에 맞는 일정과는 거리가 먼 대답이 나올 가능성이 높습니다.

 **여행 일정 짤 때 고려해야 할 다섯 가지**

여행 일정을 짤 때 좀 더 구체적으로 요청하는 방법이 있습니다. 아래 다섯 가지 요소를 포함하면 챗GPT가 사용자에게 맞는 '맞춤형 일정'을 제안해줄 수 있습니다.

1. **여행 목적** → 힐링, 액티비티, 맛집 탐방, 자연 경관 감상 등 여행 스타일을 정하세요.

2. **여행 일정** → 며칠 동안 머물지, 출발 날짜가 정해졌는지 알려주세요.

3. **동행 인원** → 혼자 여행인지, 가족과 함께하는 여행인지 등을 추가하세요.

4. **예산** → 전체 예산이나 1일 예산을 입력하면 챗GPT가 예산에 맞는 추천을 해줍니다.

5. **관심사** → 가고 싶은 장소나 하고 싶은 활동(패러글라이딩, 한라산 등반) 등을 포함하세요.

이제, 챗GPT에게 추가 질문을 해서 제주도 여행 일정을 조금 더 꼼꼼하고 완벽하게 짜보겠습니다.

 아이들과 함께하는 가족 여행으로 3박 4일 동안 제주도에서 힐링할 수 있는 자연 경관 중심의 코스를 짜줘. 예산은 하루 20만 원 내외로 생각하고 있어.

> ChatGPT >
>
> 아이들과 함께하는 가족 여행으로 3박 4일 동안 제주도에서 힐링할 수 있는 자연 경관 중심의 코스를 짜줘. 예산은 하루 20만 원 내외로 생각하고 있어.

🗒 저장된 메모리 업데이트됨

가족과 함께하는 제주도 3박 4일 자연 힐링 여행 코스를 예산(하루 20만 원 내외)에 맞춰 구성해드릴게요. 렌터카를 이용하는 것을 기준으로 하며, 무료 또는 저렴한 자연 명소 위주로 구성했습니다. 숙박은 게스트하우스/가성비 호텔(1박 6~8만 원), 식사는 현지 식당(1인 1만 원 이하 기준)으로 고려했습니다.

상황에 따라 챗GPT가 내 상황, 메모리를 업데이트하며 답변을 이어 나갑니다.

가족과 함께하는 제주도 3박 4일 자연 힐링 여행 코스를 예산(하루 20만 원 내외)에 맞춰 구성해드릴게요. 렌터카를 이용하는 것을 기준으로 하며, 무료 또는 저렴한 자연 명소 위주로 구성했습니다. 숙박은 게스트하우스/가성비 호텔(1박 6~8만 원), 식사는 현지 식당(1인 1만 원 이하 기준)으로 고려했습니다.

### 전체 테마: 아이들과 함께 자연 속에서 여유롭게 힐링

### 1일차 — 동부 자연 감상 & 바닷가 산책

**오전**
- 제주 도착 & 렌터카 픽업
- [함덕해수욕장]에서 바닷바람 맞으며 산책
  - 넓은 백사장 + 얕은 바다, 아이들 놀기 좋아요
  - 근처 편의점/카페에서 간단히 간식 가능

**점심**
- 함덕 근처 식당: 고기국수, 전복죽 등 (4인 약 3만 원)

**오후**
- [김녕미로공원]
  - 입장료 저렴, 아이들과 미로 놀이 가능
  - 약 1시간 소요
- [월정리 해안도로] 드라이브 + 카페에서 여유
  - 아이스티/한라봉 주스 등

**숙소**
- 조천/김녕 지역 가성비 숙소 (4인 가족실 기준 7~8만 원)

(생략)

**예상 예산 (1일 기준)**

| 항목 | 금액(원) |
|---|---|
| 숙소 | 70,000~80,000 |
| 식비 | 30,000~40,000 |
| 입장료/활동비 | 10,000~20,000 |
| 주유비 | 약 20,000 |
| 간식/카페 등 | 10,000 |
| 총합 | 약 18만~20만 원 |

원하시면 숙소나 식당 추천도 구체적으로 드릴 수 있어요!
가족 나이대(예: 유아, 초등생, 중학생 등)를 알려주시면 좀 더 맞춤화된 일정도 가능합니다.

챗GPT는 가족 여행에 적합한 자연 경관 중심 코스를 추천해주고, 예산에 맞춰 적절한 식당과 숙소도 안내해줍니다. 답변이 내 생각만큼 충족되지 않을 수 있습니다. 그때는 꼬리에 꼬리를 물며 추가 질문할 수 있습니다. 여기서 저는 시간을 삽입해달라는 질문을 한 번 더 입력하겠습니다.

 일정 앞에 추가로 시간을 삽입해줘.

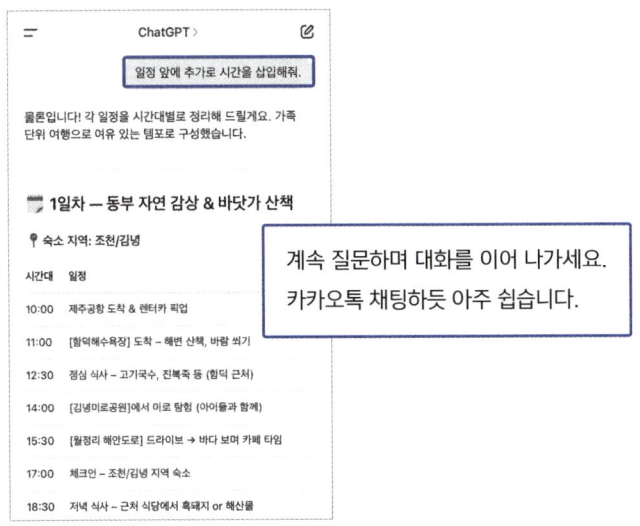

계속 질문하며 대화를 이어 나가세요.
카카오톡 채팅하듯 아주 쉽습니다.

> 물론입니다! 각 일정을 시간대별로 정리해 드릴게요. 가족 단위 여행으로 여유 있는 템포로 구성했습니다.
>
> **1일차 — 동부 자연 감상 & 바닷가 산책**
>
> 숙소 지역: 조천/김녕
>
> | 시간대 | 일정 |
> | --- | --- |
> | 10:00 | 제주공항 도착 & 렌터카 픽업 |
> | 11:00 | [함덕해수욕장] 도착 - 해변 산책, 바람 쐬기 |
> | 12:30 | 점심 식사 - 고기국수, 전복죽 등 (함덕 근처) |
> | 14:00 | [김녕미로공원]에서 미로 탐험 (아이들과 함께) |
> | 15:30 | [월정리 해안도로] 드라이브 → 바다 보며 카페 타임 |
> | 17:00 | 체크인 - 조천/김녕 지역 숙소 |
> | 18:30 | 저녁 식사 - 근처 식당에서 흑돼지 or 해산물 |
> | 20:00 | 숙소 휴식 (산책, TV, 보드게임 등 가족 시간) |
>
> (생략)
>
> 필요하시면 PDF 일정표나 지도 기반 동선 안내도 만들어드릴 수 있어요! 원하시나요?

챗GPT를 처음 사용한다면 구체적으로 질문하는 것이 어려울 수 있습니다. 그럴 때는 챗GPT에게 '나에게 질문하라'고 요청하면 됩니다. 꼬리에 꼬리를 물고 질문을 이어 나가세요.

### 💬 챗GPT와의 대화 확인하기

챗GPT에게 **<제주도 1박 2일 여행 일정>**을 짜달라고 요청했습니다. 더 구체적으로 질문하며 추가 질문을 이어 갔습니다.

자세한 대화 내용은 QR 코드를 스캔하여 확인해보세요.

## 챗GPT에게 여행사 직원이라는 역할을 부여해요

이번에는 챗GPT에게 여행사 직원이라는 역할을 부여하고, 여행사에서 상담하듯 한가지씩 질문하라고 요청해보겠습니다.

 너는 여행사 직원이야 이번에 제주도로 3박 4일 여행 가려고 하는데 행사에서 상담하듯 한가지씩 질문해줘.

이렇게 하면 챗GPT는 여행사 직원처럼 여러 번의 질문을 통해 구체적인 일정을 짜줍니다. 질문을 주고받은 후 마지막에는 위 내용을 바탕으로 여행 일정을 짜달라고 부탁하면 됩니다.

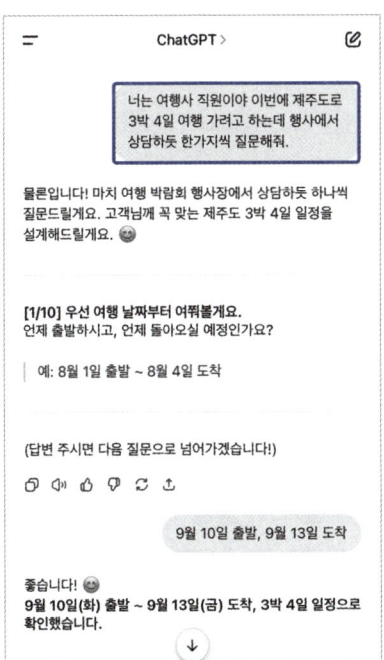
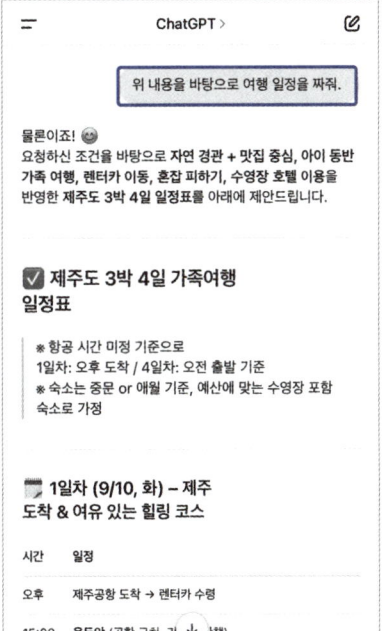

물론이죠!
요청하신 조건을 바탕으로 자연 경관 + 맛집 중심, 아이 동반 가족 여행, 렌터카 이동, 혼잡 피하기, 수영장 호텔 이용을 반영한 제주도 3박 4일 일정표를 아래에 제안드립니다.

### 제주도 3박 4일 가족여행 일정표

※ 항공 시간 미정 기준으로1일차: 오후 도착 / 4일차: 오전 출발 기준
※ 숙소는 중문 or 애월 기준, 예산에 맞는 수영장 포함 숙소로 가정

### 1일차 (9/10, 화) - 제주 도착 & 여유 있는 힐링 코스

| 시간 | 일정 |
|---|---|
| 오후 | 제주공항 도착 → 렌터카 수령 |
| 15:00 | 용두암 (공항 근처, 가볍게 산책) |
| 16:00 | 도두봉 해안 산책로 (바다 보며 산책, 아이와 걷기 좋아요) |
| 17:30 | 저녁: 연돈볼카츠 제주점 (등심까스 + 아이도 좋아하는 메뉴) |
| 19:00 | 숙소 체크인 (수영장 이용 가능 시간 확인 후 가볍게 수영) |
| 20:30 | 휴식 |

숙소 추천 지역: 애월 or 중문 / 수영장 있는 리조트 or 패밀리 호텔

(생략)

필요하시면 숙소/렌터카 예약 링크나 예산표도 함께 만들어드릴게요.
어떤 부분이든 수정 원하시면 말씀 주세요!

> **TIP** 여행 일정을 짤 때는 챗GPT에게 날짜를 좀 더 정확하게 말하는 것이 좋습니다. 월/일보다 연/월/일을 전달해야 정확한 답변을 내놓습니다. 구체적으로 질문하기를 꼭 기억하세요.

 **맞춤형 일정을 짜는 프롬프트 꿀팁**

챗GPT와 여러 번 대화를 하다 보면 내가 원하는 여행 일정을 확인할 수 있습니다. 그러나 맞춤형 일정을 한 번에 받아볼 수는 없을까요? 바로 '맞춤형 일정을 짜는 프롬프트'만 있다면 가능합니다.

▶ 실습 프롬프트1

친구랑 둘이 2박 3일 제주도 여행을 갈 거야. 맛집 투어와 액티비티(예 : 패러글라이딩)를 하고 싶어. 예산은 전체 50만 원 정도로 추천해줘.
**챗GPT는 맛집과 액티비티 위주의 일정을 짜고, 예산에 맞는 숙소와 교통편까지 고려한 계획을 세워줍니다.**

▶ 실습 프롬프트2

여행 목적 : 부모님과 함께하는 편안한 여행
여행 일정 : 1박 2일(토요일~일요일)
동행 인원 : 60대 부모님, 우리 부부, 초등학생 딸
예산 : 대략 80만 원(비행기 값 별도)
관심사 : 전복 요리 같은 맛집을 즐기고, 한적한 산책로에서 여유롭게 걷고 싶어.
**챗GPT는 부모님이 편안하게 이동할 수 있도록 무리 없는 일정과 한적한 산책로를 포함한 여행 코스를 추천해줍니다.**

명확하고 구체적인 정보를 입력하면 챗GPT가 훨씬 더 정확한 일정을 짜줍니다. 특정 장소를 언급하는 것도 좋습니다. '우도에서 반나절 보내고 싶어'라고 입력하는 것처럼요. 그리고 예산을 입력하면 비싼 레스토랑 대신 가성비 좋은 맛집을 추천해줍니다.

이제 챗GPT를 활용해서 나만의 맞춤 여행 계획을 세워보세요.

## 9박 10일, 장기 여행에 필요한 짐을 싸봐요

이제 여행 일정을 정했다면 여행에 필요한 짐 목록을 요청해보겠습니다. 챗GPT에게 "9박 10일 해외여행 짐 목록 알려줘."라고 질문하면 어떨까요? 챗GPT는 다양한 여행 스타일에 맞춘 일반적인 짐 목록을 제공할 거예요.

하지만 이런 답변은 너무 포괄적이라서 내 여행 목적과 스타일에 맞지 않을 수 있습니다. 이번에는 내 여행 스타일에 맞는 짐 목록을 챗GPT에게 요청해보겠습니다.

여행에서 짐은 여행지(장소), 계절, 성별, 인원, 여행 목적 등에 따라 크게 달라질 수 있어요. 그래서 챗GPT에게 좀 더 구체적으로 질문하면 나에게 딱 맞는 짐 목록을 받을 수 있습니다.

챗GPT에게 물어볼 때는 꼭 다음 요소를 포함해야 합니다.

- 여행지 : 도시, 나라 등
- 여행 일정 : 몇 박 며칠, 여행 시기
- 여행 스타일 : 액티비티, 관광, 맛집 탐방 등
- 주요 활동 : 등산, 수영, 해변 러닝 등
- 개인 특성 : 성별, 나이, 특수 필요 사항

 나는 40대 남성이야. 7월 말에서 8월 초까지 나 혼자 유럽 여행을 가. 바르셀로나(3박) → 니스(3박) → 아말피 해안(3박) 일정이고, 이번 여행에서는 해변에서 달리기를 많이 할 계획이야. 9박 10일 동안 필요한 짐 목록을 알려줘!

> 나는 40대 남성이야. 7월 후반에서 8월 초까지 나 혼자 유럽 여행을 가. 바르셀로나(3박) → 니스(3박) → 아말피 해안(3박) 일정이고, 이번 여행에서는 해변에서 달리기를 많이 할 계획이야. 9박 10일 동안 필요한 짐 목록을 알려줘!

멋진 여행 계획이에요! 해변 도시들에서 달리기를 즐기며 여름을 보내기에 완벽한 코스네요. 9박 10일간의 유럽 여름 여행과 해변 러닝을 고려해 짐 목록을 아래처럼 정리해봤어요.

**기본 의류**
- 반팔 티셔츠: 4~5벌 (가볍고 통기성 좋은 소재 위주)
- 반바지: 2~3벌 (캐주얼용 + 러닝용)
- 긴바지: 1벌 (저녁 외출이나 비행기 탈 때)
- 셔츠/얇은 아우터: 1~2벌 (레스토랑 방문용이나 저녁용)
- 속옷/양말: 7~8세트 (기능성 포함 추천)
- 수영복: 2벌 (해변+호텔 수영장용)
- 잠옷 또는 편한 복장: 1~2벌
- 모자: 1개 (햇빛 차단용)
- 선글라스

**달리기 용품**
- 러닝화: 1켤레 (물에 젖어도 괜찮은 통기성 좋은 제품)
- 러닝복: 2~3세트 (상하의)
- 러닝용 모자 or 헤어밴드
- 러닝용 얇은 바람막이 (이른 아침 대비)
- 스포츠 타월 (빠르게 마르는 소재)
- 러닝용 작은 힙색 or 암밴드 (폰, 키, 카드 등 보관용)
- 물통 or 휴대용 러닝 물병

(생략)

일정이 여유 있고 해변 중심이니 무겁게 챙기기보다는 가볍고 실용적으로 준비하는 걸 추천해요!

챗GPT는 전체 일정에 필요한 짐 목록은 물론이고, 기타 필수품이나 여유 용품까지 제안하여 짐을 싸는 데 무척 큰 도움을 줍니다. 챗GPT와 함께라면 여행 준비에 대한 부담을 줄이고 설렘만 더 크게 느낄 수 있어요.

 **맞춤형 짐 싸기 꿀팁**

챗GPT와 대화를 하다 보면 놓치는 부분이 생깁니다. 챗GPT를 활용해서 짐을 쌀 때 꼭 필요한 꿀팁 질문 목록을 소개하니, 유용하게 활용해보세요.

▶ 계절과 여행 스타일에 맞춰 질문하세요!

▶ 챗GPT에게 '필수 짐 목록'과 '여행지 추천 쇼핑 리스트'를 함께 요청하면 여행 중 쇼핑할 품목까지 고려할 수 있어요.

▶ 기내 반입 금지 품목도 꼭 확인하세요! (특히 액체류 100ml 제한)

▶ 챗GPT에게 '짐을 더 줄일 방법'을 물어보면, 꼭 필요한 아이템만 챙길 수 있어요.

이제 챗GPT를 활용해 당신만의 맞춤형 짐 목록을 만들어보세요!

### 💬 챗GPT와의 대화 확인하기

 챗GPT에게 **<40대 남성의 9박 10일 유럽 여행 짐 목록>**을 짜달라고 요청했습니다.
자세한 대화 내용은 QR 코드를 스캔하여 확인해보세요.

## 카카오톡으로 여행 일정 공유하기

여행 계획과 일정, 짐 목록까지 모두 마쳤다면 함께 여행하는 가족이나 친구에게 바로 공유해보세요. 챗GPT 대화 창에서 [공유⬆]를 누르면 카카오톡이나 문자 메시지로 챗GPT 대화 결과를 전달할 수 있습니다.

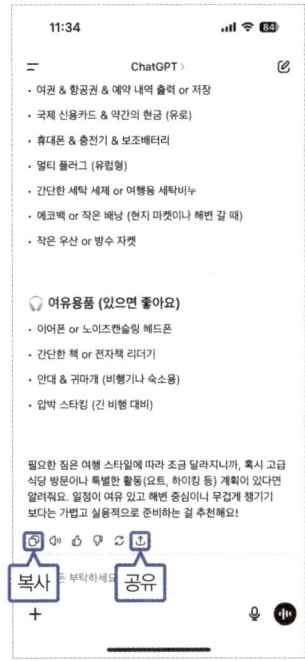
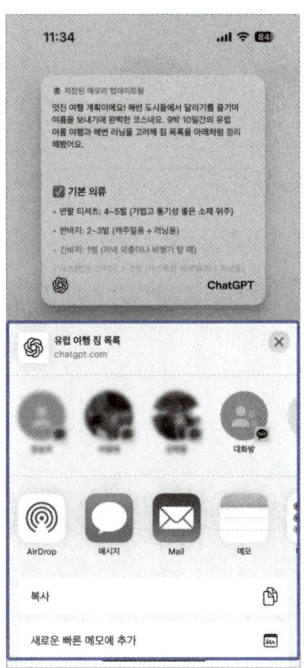

TIP [공유하기⬆]를 눌러서 카카오톡으로 공유하면 챗GPT 사이트(웹브라우저)의 대화 창 링크가 전달됩니다.

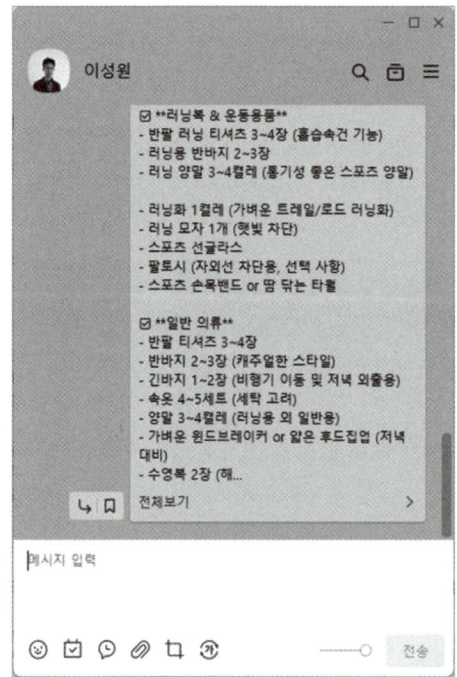

더 정확하게 내용을 공유하려면, [복사]를 누르고 텍스트를 원하는 곳(메모장 등)에 붙여 넣어 사용하면 됩니다.

> **⏳ 1분만요! 누나IT의 1분 영상 강의**
>
>  누나IT 유튜브 채널에서 1분 쇼츠를 시청하고 **<여행 계획 짜고 카톡으로 공유하기>** 실습을 한 번 더 익혀보세요.
>
> QR 코드 인식이 어렵다면 유튜브 검색 창에 **누나IT 여행 계획 카톡 공유**를 검색하세요.

## 컴퓨터(데스크톱 PC)에서 공유하기

컴퓨터에서도 답변을 공유할 수 있습니다. 대화 창 오른쪽 상단의 [공유하기]를 클릭하고 [링크 만들기]를 클릭해 채팅의 링크를 공유합니다. 또는 답변의 [복사]를 클릭하고 원하는 곳에 붙여 넣어도 됩니다.

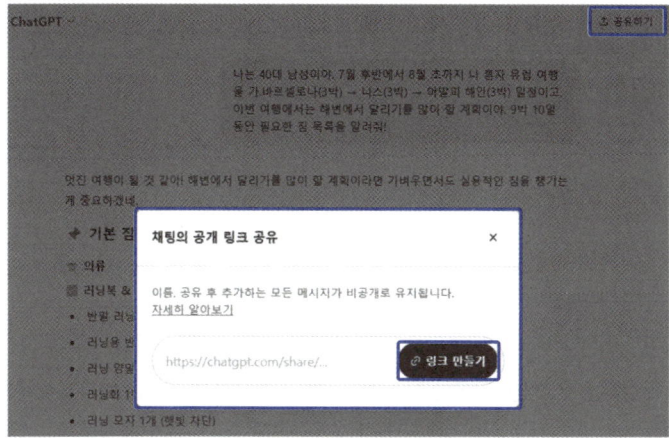

 **정리해볼까요?**

- 챗GPT는 단순한 대화 상대가 아니라 여행 코스 기획자이자 일정표 요약 비서, 짐 싸기 컨설턴트가 되어줄 수 있습니다.
- 원하는 답변에 맞는 요구 사항을 기억하고 챗GPT에게 질문합니다. 여행 목적, 일정, 동행 인원, 예산, 관심사는 꼭 포함하여 질문하세요.
- 답변을 받은 후 공유하기 기능을 활용해 가족이나 친구에게 카카오톡으로 공유하면 훨씬 편리합니다.

# 챗GPT로 AI 이미지를 만들어보자

**02**

 **시작해볼까요?**

챗GPT로 대화만 한다고 생각하셨나요? 이제는 이미지까지 만들 수 있습니다. SNS에서 유행하는 지브리 스타일 이미지부터 원하는 캐릭터로 이미지를 만들어볼 수 있습니다.

## AI 이미지 만들기, 무료 버전도 가능해요

최근에 챗GPT로 지브리 스타일 이미지를 만드는 것이 유행한 적이 있었습니다. 아직까지 이런 이미지를 만드는 방법을 모르는 분들도 많습니다. 챗GPT에 내 사진을 집어넣으면 지브리 스타일뿐만 아니라 순정만화 스타일, 레고 스타일, 뽀빠이 스타일, 아톰 스타일 등 원하는 이미지를 만들 수 있습니다.

◀ 이 사진으로 다양하게 만들어볼게요

다양한 스타일의 만화 속 캐릭터 이미지를 만들 수 있습니다!

요즘은 만화 캐릭터 스타일뿐 아니라 박스에 포장된 인형 스타일을 만드는 것도 유행입니다. 이번에도 제 사진을 챗GPT에 넣고 몇 가지 명령을 입력하면 레고 스타일부터 바비 인형 스타일까지 만들 수 있습니다.

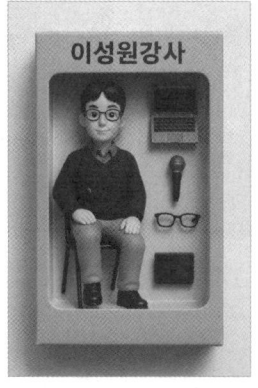

인형 패키지 이미지도 다양하게 만들어볼 수 있습니다!

내 사진과 함께 적절한 명령어를 입력하면 챗GPT가 내 사진을 만화 캐릭터, 인형 패키지처럼 만들어주는 것이죠. 별다른 디자인 기술이 없어도 명령 한 줄이면 충분합니다. 이제 여러분의 사진을 올리고 챗GPT로 다양한 이미지를 만들어보겠습니다. 준비물은 내 얼굴 사진 하나면 충분합니다.

**TIP** 이미지를 만드는 것은 챗GPT 무료 버전에서도 충분히 따라 할 수 있습니다. 단, 이미지를 4~6장 정도 만들면 '오늘 사용량이 초과되었다'는 메시지가 뜰 수 있어요. 그럴 때는 24시간 후에 다시 시도하면 됩니다.

### 지브리 스타일로 만들어줘!

스마트폰에서 챗GPT 앱을 열고 왼쪽 하단에 [첨부]–[사진]을 선택한 다음 원하는 사진을 선택하고 [완료]를 누릅니다.

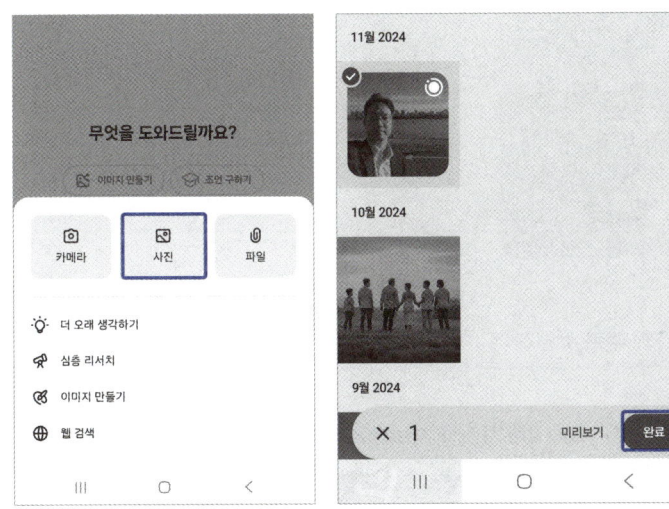

사진이 업로드되었죠? 이제 입력 창에 '○○ 스타일로 만들어줘.'라고 명령하면 됩니다.

이번 실습에서는 **지브리 스타일로 만들어줘**라고 입력하고 [보내기⬆]를 누릅니다.

지브리 스타일과 비슷한 이미지가 생성됩니다.

TIP 최근 챗GPT 이미지 생성 사용자가 늘어나면서 짧게는 1분, 길게는 10분 이상 걸리는 경우도 있습니다. 특히 무료 버전은 속도가 더 느릴 수 있어요. 챗GPT 이미지 생성이 너무 느리다면 175쪽에서 설명하는 나노바나나를 이용해 이미지를 만들어보세요.

💬 **챗GPT와의 대화 확인하기**

챗GPT에게 **<내 사진을 지브리 스타일>**로 만들어달라고 요청했습니다.
자세한 대화 내용은 QR 코드를 스캔하여 확인해보세요.

## 이미지를 내 스마트폰에 저장하기

챗GPT에서 만든 이미지를 내 스마트폰에 저장해볼게요.

오른쪽 아래에 [저장]을 누릅니다.

스마트폰 [갤러리]에 들어가보세요. 짠! 이렇게 내 갤러리에 사진이 저장되어 있습니다. 여기서 이미지를 활용하면 좋습니다.

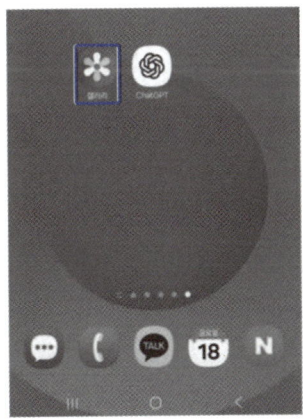
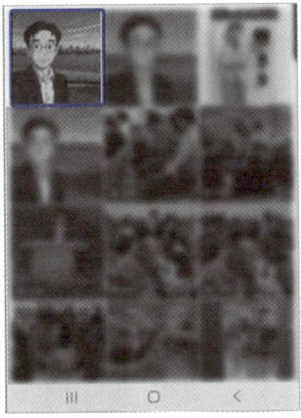

다시 챗GPT에 들어가 이미지의 왼쪽 상단의 [닫기 ✕]를 누릅니다.

## 이미지 배경 지우기

이 사진이 마음에 들지만 배경을 제거하고 싶습니다. 같은 방식으로 입력 창에 **배경 제거해줘**를 입력하고 [보내기 ●]를 누릅니다. 배경이 단색으로 채워집니다.

> **TIP** 입력 창에 질문이나 명령을 입력하고 [보내기 ●]를 눌러도 되고 스마트폰 자판에 있는 Enter 를 눌러도 됩니다.

상황에 따라 이미지 배경이 투명하게 채워지기도 하고 다른 색으로 채워지기도 합니다. 원하는 배경 스타일이 있다면 챗GPT에게 명령해보세요. 같은 문장을 다시 입력해도 이미지는 매번 다르게 생성됩니다.

**TIP** 앞서 말한 것처럼 무료 버전은 하루에 4~6장까지 이미지를 생성할 수 있습니다. 여러 번 명령하다 보면 이미지 생성이 멈춥니다. 이럴 때는 시간이 지난 후에 다시 시도해야 한다는 점을 기억하세요.

## 다른 스타일로 바꿔보기

자, 이번에는 다른 스타일의 이미지를 만들어보겠습니다. 앞서 이미지를 만드는 명령어를 기억하시나요?

 ○○ 스타일로 만들어줘.

챗GPT에 입력하는 문장의 ○○ 부분만 바꾸면 다양한 스타일로 변신할 수 있어요. 이 이미지는 어떤 스타일일까요?

바로 순정 만화 스타일입니다. 입력창에 있는 ○○을 지우고 **순정만화**를 입력합니다. 아주 쉽게 다양한 스타일의 이미지를 만들 수 있습니다.

## 바비 인형 포장 스타일로 만들어줘!

"○○ 스타일로 만들어줘."라는 마법의 명령을 활용해 다양한 이미지를 만들 수 있습니다. 이번에는 바비 인형 스타일을 만들어볼게요.

앞서 진행한 지브리 스타일 창을 닫아야 하므로 [새 채팅 ✏️]을 누르고 다시 왼쪽 하단의 [첨부]-[사진]을 누릅니다. 새 사진을 선택하고 [완료]를 누릅니다.

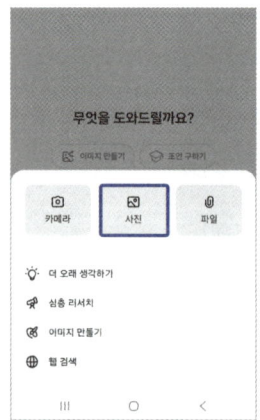

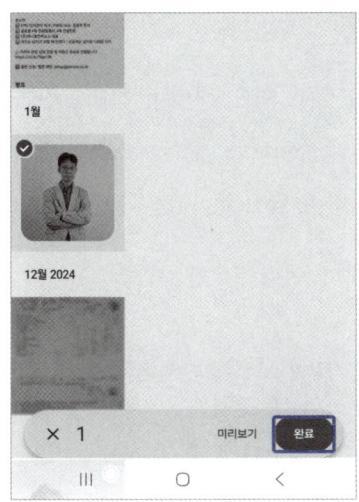

이제 입력 창에 명령을 입력합니다. **투명 플라스틱 포장에 세워진 바비 인형 피규어 스타일로 만들어줘.**를 입력합니다. 바로 전송하면 플라스틱 패키지에 든 인물 이미지가 만들어집니다.

## 액세서리, 글자를 넣을 수도 있어요

단순한 이미지로 끝내기 아쉬울 수 있습니다. 이때 캐릭터와 어울리는 액세서리와 글자를 넣을 수도 있어요. 소품이나 이름을 상자에 새겨 더욱 높은 완성도의 이미지를 만들어볼 수 있습니다.

앞서 사용한 사진에 명령을 좀 더 풍부하게 입력해보겠습니다.

 투명 플라스틱 포장에 세워진 바비 인형 피규어 스타일로 만들어줘.
오른쪽에 액세서리 추가해줘 : 맥북에어, 스마트폰, 안경
상자 상단에는 '이성원 강사' 이름 흰색으로 적혀 있어야 돼.

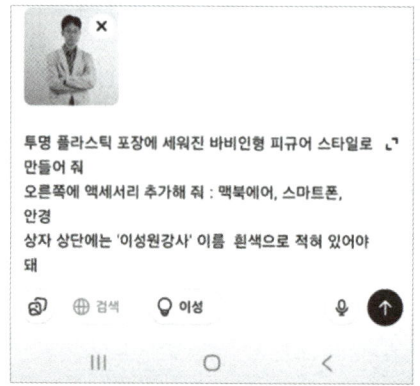

TIP 액세서리나 소품, 문구는 자유롭게 바꿔도 됩니다.

이미지가 완성되었습니다. 이때 배경지가 좀 더 밝았으면 좋겠고, 피규어가 머리부터 발끝까지 다 나왔으면 좋겠습니다. 추가로 명령을 입력해 수정해봅니다.

피규어는 머리부터 발끝까지 전체 나오게 해주고 배경지는 좀 더 밝은 색으로 수정해줘.

[보내기 ]를 눌러 이미지를 수정해봅니다.

이미지는 굉장히 마음에 드는데 아쉽게도 한글(이성원 강사)이 잘 나오지 않았습니다.

TIP 챗GPT는 아직 한글 글자 표현이 약합니다. 원하는 문구를 영어로 넣으면 훨씬 더 잘 표현됩니다.

3장 일상이 즐거워지는 챗GPT 활용 능력 키우기 **109**

## 이미지의 글자 수정하기

이미지에 있는 글자를 수정해보겠습니다. 대화 창에서 이미지를 길게 눌러 편집을 시작합니다. [선택]을 누릅니다.

상단에 있는 글자 영역을 문지르면 색이 바뀌면서 편집할 영역으로 지정됩니다. [다음]을 누릅니다.

입력 창에 **LEE SUNG WON 문자로 수정해줘**를 입력하고 [보내기🔼]를 누릅니다. 상단에 있던 어색한 글자가 영어로 바뀌었습니다. 정말 신기하지 않나요?

자, AI 이미지 만들기가 어렵지 않죠? 가볍게 시작해서 다양한 경험을 하다 보면 여러분도 어느새 AI에 익숙해지고, 나중에는 AI 전문가처럼 챗GPT를 활용하게 될 것입니다.

 **다양한 이미지 생성 방법**

이미지를 만들 때 다양한 스타일을 참고해보세요.
- 인상주의(예 : 고흐, 모네)
- 수채화 스타일
- 유화 스타일
- 팝 아트(예 : 앤디 워홀 스타일)
- 픽셀 아트
- 만화 스타일
- 아트 데코
- 미니멀리즘
- 스케치 스타일
- 레트로 포스터 스타일

이미지 사이즈도 지정할 수 있습니다.

- 정사각형
- 와이드
- 세로

명령(프롬프트)에 따라 어떤 이미지가 생성되는지 확인해보세요. 프롬프트란 챗GPT에게 내가 원하는 작업을 설명하는 문장입니다.

 공원 : 아이들, 연날리기, 나무, 석양 수채화 스타일로 그려줘.

 비행기에 "KOREA" 글씨가 써 있는 이미지를 만화 스타일로 그려줘.

 **이런 이미지는 어떻게 만드나요?**

챗GPT에서 그림을 만들어주는 기능을 써보면 이런 생각이 들 수 있습니다

"이 이미지는 도대체 어떤 문장으로 만든 거지?"

바로 그때 필요한 것이 명령(프롬프트)입니다.

만들고 싶은 이미지가 있다면 그 이미지를 직접 챗GPT에 넣어 물어보는 겁니다.

 이 이미지처럼 만들려면 어떻게 프롬프트 작성해야 돼

이 이미지처럼 만들려면 어떻게 프롬프트 작성해야 돼

이 이미지처럼 북극곰과 달을 배경으로 한 장면을 만들고 싶다면, 다음과 같은 프롬프트를 사용할 수 있습니다:

"A serene nighttime scene in the Arctic with a family of polar bears standing on snow-covered ice. The mother bear and two cubs are gazing up at a large, glowing full moon in the sky. The moonlight reflects on the ice, casting a soft glow over the scene. The sky is clear, with a few scattered clouds, and the distant horizon shows icy landscapes and frozen waters. The atmosphere is peaceful and magical, with the cold environment beautifully illuminated by the moon."

이 프롬프트는 북극의 평온하고 신비로운 분위기를 강조하면서, 달빛 아래 북극곰 가족의 모습을 묘사하는 데 중점을 둡니다.

챗GPT는 이미지를 분석하여 어떤 프롬프트가 적절한지 제안해줍니다. 어디에 무엇이 있고, 어떤 느낌이 나는지를 쓰는 게 핵심입니다.

우리가 앞서 배웠던 것을 떠올려보세요. 프롬프트, 챗GPT와 대화할 때 가장 중요한 것이 '누가', '무엇을', '어떻게'입니다. 그리고 아주 구체적으로 표현해야 해요. 영어로 쓸수록 더 섬세한 결과가 나오지만, 한글로도 충분히 가능해요. 이제는 챗GPT에 그림을 그려달라고 할 때 구체적인 상황을 설명하는 문장을 사용한다면 챗GPT가 원하는 그림을 척척 만들어줄 것입니다.

### 3분만요! 누나IT의 3분 영상 강의

누나IT 유튜브 채널에서 영상을 시청하고 **<지브리 스타일뿐 아니라 다양한 AI 이미지 만들기>** 실습을 한 번 더 복습해보세요.

QR 코드 인식이 어렵다면 유튜브 검색 창에 **누나IT 다양한 AI 이미지 만들기**를 검색하세요.

### 정리해볼까요?

- 지브리 스타일부터 순정 만화, 바비 인형 패키지까지, 나만의 이미지를 만들어볼 수 있습니다.
- 이미지를 내 스마트폰에 저장해 SNS 프로필로 설정할 수 있습니다.
- 이미지를 원하는 스타일대로 수정할 수 있고, 원하는 부분을 선택해 원하는 모양, 배경이나 글자, 포즈까지 모두 바꿀 수 있습니다.

# 챗GPT에게
# 심리 상담을 받자

 **시작해볼까요?**

어렵고 힘든 상황에 빠져 있을 때는 누군가와 대화를 나누는 것만으로도 큰 힘이 됩니다. 전문 상담가를 만나 내 문제를 이야기할 수 있다면 좋겠지만, 전문가를 찾기도 쉽지 않고 예약이나 비용 문제도 발생할 수 있어요. 이때 혼자 끙끙 앓지 말고 챗GPT를 나만의 심리 상담 전문가로 활용할 수 있는 방법을 소개합니다.

## 챗GPT에게 부부 상담 요청하기

마음이 답답할 때 터놓고 이야기할 상대가 없다면 챗GPT에게 심리 상담을 받아보세요. 챗GPT에게는 적당한 심리 상담 전문가의 역할을 부여하고 현재 내가 처한 상황과 상담 받을 문제나 주제를 설정한 후 이야기를 진행하는 게 좋습니다.

챗GPT에게 다음의 예시처럼 부부 상담을 요청해보겠습니다.

> 너는 부부 상담 전문가야.
> 나는 50대 초반이고 남편과 결혼한 지 20년이 넘었어.
> 요즘 남편과 대화를 거의 하지 않고, 대화하려 해도 서로 짜증만 나.
> 예전처럼 서로를 이해하고 싶지만, 어떻게 다시 대화를 시작해야 할지 모르겠어.
> 내가 어떤 말부터 꺼내면 좋을까?

TIP 음성으로 챗GPT와 대화해보세요. 실제 심리 전문 상담가와 대화하는 듯 자연스럽게 이야기를 나누다 보면 갖고 있는 고민에 대한 답을 찾을 수 있을 거예요.

처음부터 모든 상황을 정리해두고 대화를 진행하는 게 어색하다면 단계별로 질문을 받고 답변하는 방식으로 상담을 받는 것이 좋습니다. 스마트폰에서 챗GPT 앱을 켜고 [음성 모드 사용 🎙]을 누르세요.

음성 모드가 활성화되면 다음과 같이 대화를 시작해보세요.

너는 부부 상담 전문가야.
진짜 전문가와 상담하는 것처럼 나에게 하나씩 질문해줘.

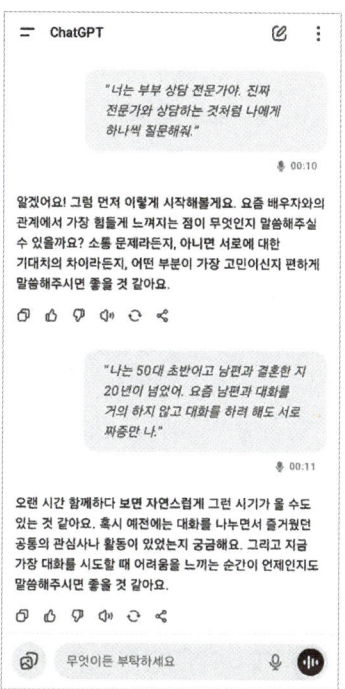

TIP 여기서는 챗GPT에게 부부 상담 전문가의 역할을 부여했는데, 상담의 종류에 따라 원하는 역할을 설정할 수 있습니다.

🔍 120쪽 챗GPT에게 부여할 상담 전문가의 역할 종류

챗GPT가 내 질문과 답변을 듣고 한 번에 하나씩 질문을 던집니다. 고민스러운 마음을 털어놓으면 답답하던 마음이 어느새 조금 편해질 거예요.

## 상담할 때 챗GPT를 더 잘 써먹는 노하우

챗GPT에게 부부 상담 전문가의 역할을 부여한 후 대화를 나눠본 것처럼 몇 가지 주제에 대해서 챗GPT와 상담하는 방법을 알아보겠습니다.

챗GPT와 대화할 때는 상담 순서도 중요합니다.

1. 챗GPT에게 역할 부여하기
2. 나에 대해 간단히 소개하기
3. 지금 처한 상황 설명하기
4. 상담 받고 싶은 주제나 문제 알려주기

이 순서에 따라서 고민을 정리해보세요. 여기서는 자녀 상담을 예시로 상담 순서를 작성해봤습니다.

1. 챗GPT에게 역할 부여하기
   → 너는 자녀 상담 전문가야.
2. 나에 대해 간단히 소개하기
   → 나는 40대 중반의 가정주부야.
3. 지금 처한 상황 설명하기
   → 중학교 2학년 아들이 있는데, 아이가 나와 대화를 잘 하려고 하지 않아. 대화를 시도해도 단답형으로 대답하거나 방에 들어가버려.
4. 상담 받고 싶은 주제나 문제 알려주기
   → 아들과 자연스럽게 대화를 시작하려면 어떤 말부터 꺼내야 할까? 너무 부담스럽지 않게 아들에게 다가가는 방법을 알려줘.

이제 챗GPT에게 다음의 예시처럼 자녀 상담을 요청해보겠습니다.

너는 자녀 상담 전문가야.
나는 40대 중반의 가정주부고 중학교 2학년 아들과 함께 살고 있는데, 아이가 나와 대화를 잘 하려고 하지 않아. 대화를 시도해도 단답형으로 대답하거나 방에 들어가버려.
아들과 자연스럽게 대화를 시작하려면 어떤 말부터 꺼내야 할까? 너무 부담스럽지 않게 아들에게 다가가는 방법을 알려줘.

당신은 지금 아이와 더 가까워지고 싶다는 마음으로 고민하고 계시죠. 중학교 2학년은 '질풍노도의 시기'라 불릴 만큼 부모와 거리를 두고 싶어하는 시기예요. 하지만 그렇다고 해서 부모의 관심을 원하지 않는 건 아니에요. 단지 예전과는 다른 방식의 접근이 필요한 시기일 뿐입니다.

아들과 자연스럽게 대화를 시작하기 위한 핵심은 "통제하지 않고, 공감하며, 가볍게 시작하는 것"이에요. 아래에 몇 가지 접근법을 구체적으로 안내드릴게요.

---

**1. 질문 대신 관찰 + 공유형 말투로 시작하세요**

X "오늘 학교 어땠어?" → 단답형 유도
O "오늘 너 나갈 때 바빠 보이더라. 뭔가 기대되는 일 있었던 거야?"

→ 아이는 질문을 받으면 '검사당하는 느낌'을 받을 수 있어요. 반면, 관찰 기반 코멘트는 부담 없이 반응할 수 있게 해줍니다. "~하더라" 식의 말투로 가볍게 분위기를 여세요.

---

**2. 아이가 관심 있어 하는 주제로 '내가 물어보는' 방식**

"너 요즘 듣는 음악 중에 나도 들어볼 만한 거 있을까?"
"요즘 게임은 어떤 게 재밌어? 엄마가 요즘 거 진짜 모르겠다~"

→ 아이의 세계에 내가 배우러 가는 자세는 방어심을 낮추고 주도권을 아이에게 줍니다. 자존감을 세워주면서 대화의 물꼬를 트는 데 효과적이에요.

---

(생략)

> **예시 시나리오**
>
> 상황: 아들이 게임하고 있는 방에 들어가기 전
> 엄마: "어, 이거 그 게임이지? 요즘 애들 다 하던데~ 너는 언제부터 한 거야?"
> → 아이가 "그냥…" 하면
> 엄마: "그냥? 재밌긴 하겠네. 엄마는 예전에 테트리스밖에 안 해봤거든~"
> → 아이가 웃거나 피식이라도 반응하면, 그게 출발점이에요.
>
> ---
>
> 혹시 어떤 상황에서 주로 대화를 시도하고 있는지도 알려주시면, 더 구체적인 예를 들어드릴 수 있어요. 필요하시면, 아이와의 관계를 회복하기 위한 작은 미션도 함께 설계해 드릴게요.

자연스럽게 대화를 끌어낼 수 있는 몇 가지 팁과 대화 예시를 확인할 수 있습니다. 주로 대화가 이루어지는 상황이나 자녀의 성향 등을 추가로 작성하면 더 적합한 대화 형태 등을 제안해줍니다.

### ▶ 챗GPT에게 부여할 수 있는 상담 전문가 역할

앞서 살펴본 부부 상담이나 자녀 상담 외에도 챗GPT를 다양한 심리 상담에 활용할 수 있습니다. 챗GPT에게 부여할 수 있는 상담 전문가의 역할은 다음과 같습니다.

- 감정/정서 상담
- 인간관계 상담
- 진로 및 직업 상담
- 학업 및 공부 상담
- 연애 및 결혼 상담
- 가족관계 상담
- 스트레스 및 번아웃 상담
- 자존감 및 자기이해 상담
- 트라우마 및 상처 회복

- 생활습관 및 자기관리
- 디지털 중독 및 스마트폰 사용 문제
- 마음챙김과 명상

진로 및 직업 상담, 스트레스 및 번아웃 상담 등으로 수정한 후 원하는 상담 내용을 작성하고 챗GPT와 대화해보세요. 아래 예시처럼요.

### ⏳ 1분만요! 누나IT의 1분 영상 강의

누나IT 유튜브 채널에서 1분 쇼츠를 시청하고 **<챗GPT와 심리 상담하기>** 실습을 한 번 더 익혀보세요.

QR 코드 인식이 어렵다면 유튜브 검색 창에 누나IT 챗GPT 심리 상담을 검색하세요.

### 💬 챗GPT와의 대화 확인하기

챗GPT에게 **<자녀와의 대화 방법>**을 알려달라고 요청했습니다.
자세한 대화 내용은 QR 코드를 스캔하여 확인해보세요.

 **정리해볼까요?**

- 스마트폰에서 챗GPT 앱을 활용하면 서로 대화하는 방식으로 심리 상담을 진행할 수 있습니다. 상담받고 싶은 영역의 전문가 역할을 챗GPT에게 부여하고 실제 상담처럼 하나씩 질문해달라고 요청합니다.
- 챗GPT와 대화할 때는 상담 순서도 중요하기 때문에 우선 챗GPT에게 역할을 부여한 후 나에 대해 간단히 소개하고 지금 처한 상황을 설명해주세요.
- 상담 받고 싶은 주제나 문제를 구체적으로 알려주면 좀 더 유용한 답변을 얻을 수 있을 거예요.

# 4장

## 챗GPT보다 더 재미있는 AI 툴 써보기

# Suno로 생일 축하 노래를 만들어 선물하자

 **시작해볼까요?**

음악을 몰라도, 프로그램을 다룰줄 몰라도 괜찮습니다. 단 한 문장으로 감동적인 생일 축하 노래를 만들 수 있어요. 원하는 가사를 입력할 수도 있고, 주제만 던지고 AI가 가사까지 쓰게 할 수도 있습니다. 전문 작곡가가 만든 듯한 노래를 활용해 특별한 날에 선물해보세요.

## 음악을 만드는 Suno, 가입하고 로그인하기

우선, 긴 설명보다 오른쪽에 있는 QR 코드를 스캔해 제가 직접 만든 노래를 들어보세요.

어떤가요? 저는 전문 작곡가도 아니고 노래를 만들 수 있는 재능도 없습니다. 그러나 Suno AI를 활용하면 내가 원하는 노래를 아주 손쉽게 만들어낼 수 있습니다.

> **TIP** Suno(수노)는 사용자가 입력한 문장을 바탕으로 자동으로 노래를 만들어주는 AI 음악 생성 플랫폼입니다.

먼저 Suno에 접속해야 합니다. 네이버나 구글에서 **수노**를 검색하거나 브라우저에서 suno.com을 입력해 접속합니다. 오른쪽 상단에 [Sign In]을 클릭합니다.

이제 회원 가입을 해야 합니다. 구글 계정이나 전화번호로 가입할 수 있어요. 여기서는 쉽게 구글로 회원 가입을 하겠습니다. [G]를 클릭하고 내 구글 계정을 입력해 회원 가입합니다.

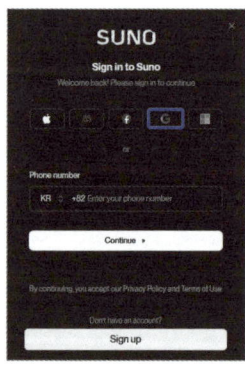
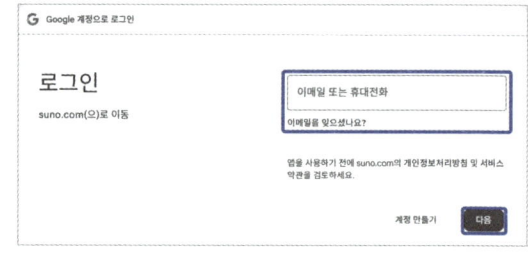

로그인한 후 왼쪽 메뉴의 [Home]을 클릭하면 Suno AI로 만든 다양한 음악을 미리 들어볼 수 있어요. 하나씩 클릭해서 감상해보세요.

## 직접 노래 만들어보기

이제 나만의 노래를 만들어보겠습니다. 왼쪽 메뉴의 [Create]를 클릭합니다. 입력 창에 노래에 대한 설명을 입력합니다. 생일 축하 노래이므로 **이성원 생일 축하 노래 만들어줘**를 입력했습니다. 아래의 [Create]를 클릭하고 30초 정도 기다립니다.

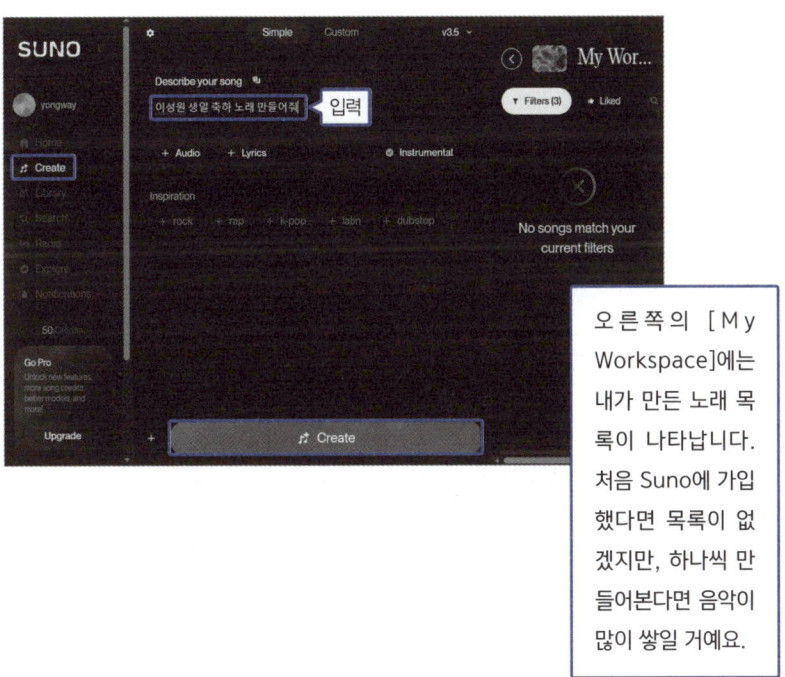

오른쪽의 [My Workspace]에는 내가 만든 노래 목록이 나타납니다. 처음 Suno에 가입했다면 목록이 없겠지만, 하나씩 만들어본다면 음악이 많이 쌓일 거예요.

생일 축하 노래가 두 곡 만들어졌습니다. 마우스 포인터를 움직여 앨범 커버 위에 올리면 재생 버튼이 나타납니다. 클릭하면 노래를 들어볼 수 있습니다. 하나씩 들어봅니다.

노래가 재생될 때는 브라우저 하단에 플레이 창이 나타납니다.

TIP  상단에 나타난 [v4.5] 노래는 유료 버전 프리뷰입니다.

TIP  마우스 포인터가 화살표 모양으로 바뀌면 영역 선을 드래그하여 내 노래 목록(My Workspace)를 더 크게 볼 수 있습니다.

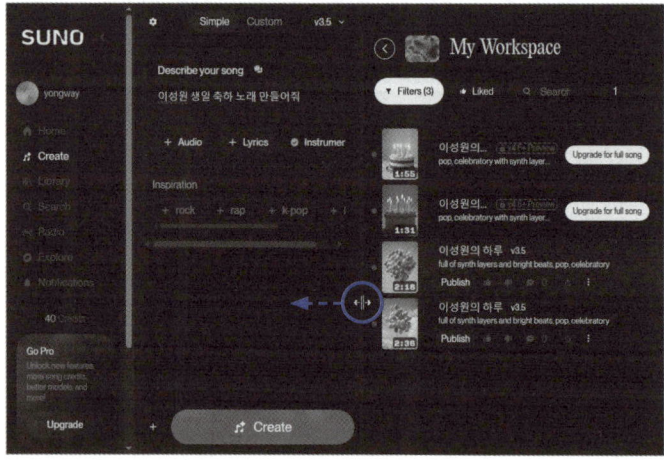

브라우저 창 크기에 따라 오른쪽에 노래 가사가 함께 나타나기도 합니다. 가사와 함께 감상해보세요.

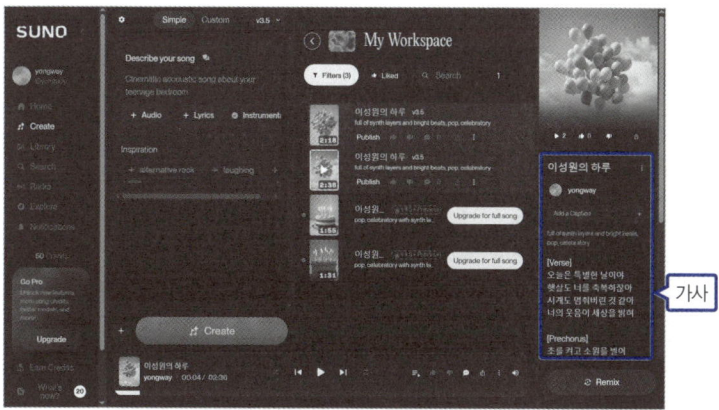

## 원하는 장르, 스타일로 만들어보기

노래가 좀 어색하다면 장르, 곡 분위기, 메시지(송 스토리) 세 가지 옵션을 활용하면 좀 더 멋진 곡으로 만들 수 있습니다.

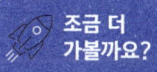 **음악을 풍부하게 만드는 세 가지 옵션**

- 장르(Genre) : 팝, 레게, 오케스트라, 힙합, 클래식, 댄스, 랩, R&B, 록 댄스, K-팝, 발라드, 컨트리, 포크, 블루스 등
  → 예 : 팝 스타일

- 분위기(Mood) : 행복한, 신나는, 감동적인, 슬픈 등
  → 예 : 행복한 분위기

- 스토리/메시지(Message) : '아버지 생신 축하드려요.', '올해도 건강하세요.' 등 원하는 문구를 넣습니다.

가장 무난한 **팝 스타일, 신나는 분위기**를 입력합니다. 그리고 삽입할 문구도 써봅니다. 따옴표를 넣어 **'아버지 생신 축하드려요', '오래오래 건강하게 사세요' 메시지 넣어줘**를 입력합니다. [Create]를 클릭해 다시 노래를 만들어보세요.

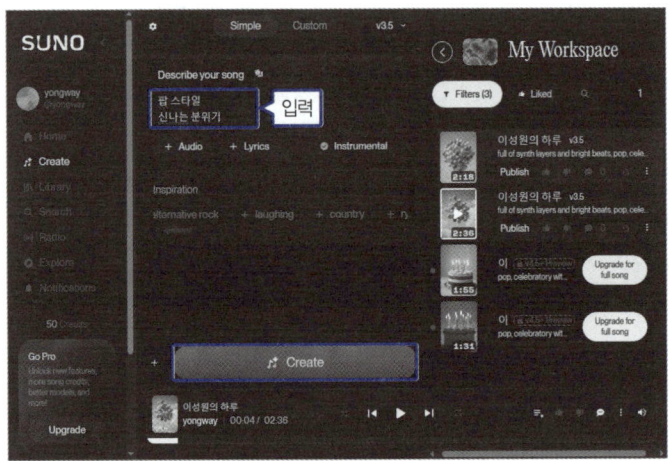

이렇게 구체적으로 입력하면 AI가 상황에 맞는 곡을 만들어줍니다. 한 번 만들면 동일한 가사지만 다른 스타일의 곡 두 개가 만들어집니다.

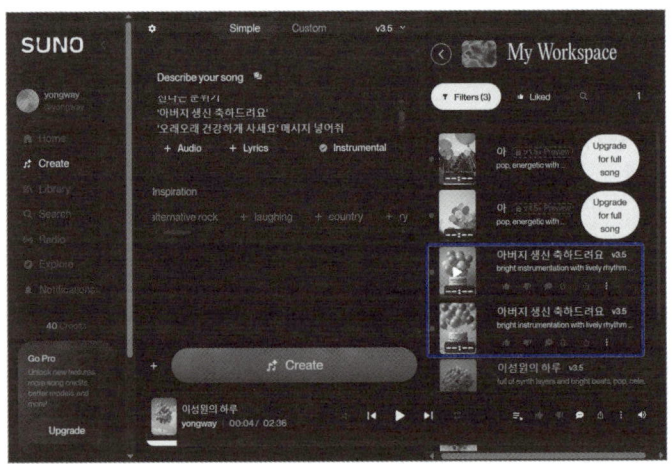

노래를 재생해볼까요? 앞서 입력했던 메시지가 가사에 나타나는 것을 확인할 수 있습니다. 노래 두 곡 모두 메시지가 포함됩니다.

TIP Suno 무료 이용자는 하루에 5회, 총 10곡을 만들 수 있습니다. 한 번 만들면 동일한 가사의 노래 두 곡이 만들어집니다. 그런데 이 노래는 상업적으로는 사용할 수 없어요. 친구끼리, 가족끼리 카카오톡으로 공유하는 것은 가능하지만, 유튜브 영상의 배경 음악으로 사용할 수는 없습니다. 만약에 Suno로 만든 노래를 상업적으로 자유롭게 사용하길 원한다면 월 8달러를 결제하여 사용하면 됩니다.

###  Suno 유료 결제하기

Suno는 하루에 50크레딧씩 충전되어, 하루에 50크레딧만큼 사용할 수 있습니다. 한 번 쓸 때마다 두 곡이 만들어지고 10크레딧이 차감됩니다.

왼쪽 메뉴를 보면 남은 잔여 크레딧이 나옵니다. 화면처럼 40 크레딧이 남았다면 네 번 사용할 수 있습니다.

[40 Credits]을 클릭해봅니다. 영어라 복잡하지만 괜찮습니다. 크롬 브라우저를 사용한다면 화면 빈 곳에서 마우스 오른쪽 버튼을 클릭해 [한국어(으)로 번역]을 선택합니다.

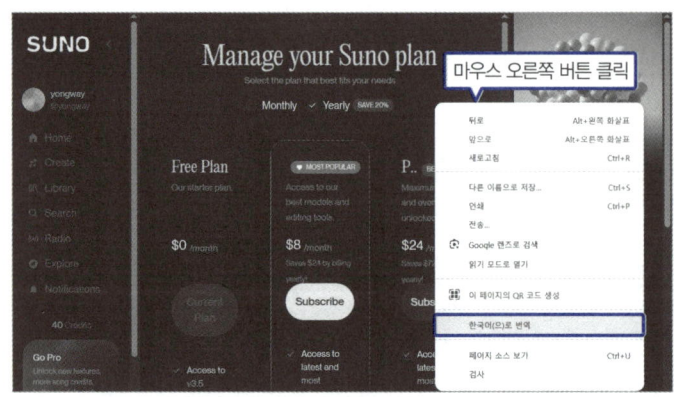

무료와 유료의 차이를 확인할 수 있습니다. 지금 사용하고 있는 무료 플랜은 매일 50크레딧이 갱신되고 상업적 이용이 안 된다는 것, 월 8달러의 유료 플랜은 최대 2,500크레딧이 매월 갱신되고 상업적 사용 권한이 있다는 것을 확인할 수 있습니다.

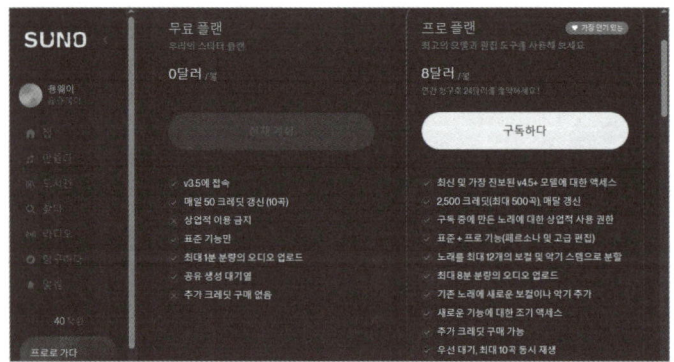

TIP 화면을 다시 영어로 번역하려면 주소 입력 창 오른쪽의 번역 아이콘을 클릭하고 [영어]를 선택합니다.

## 커스텀 기능으로 노래 만들어보기

이번에는 커스텀 기능을 활용해 직접 노래를 만들어보겠습니다. 커스텀 모드에서는 직접 가사를 써야 하는데요. 가사 쓰는 게 어려워도 AI를 활용할 방법이 있습니다.

왼쪽 메뉴에서 [Create]를 클릭하고 상단에 [Custom] 탭을 선택합니다. [Lyrics] 항목 입력 창에 가사를 직접 입력해도 되지만 여기서는 AI로 가사를 만들어볼게요. [Full Song]을 클릭합니다.

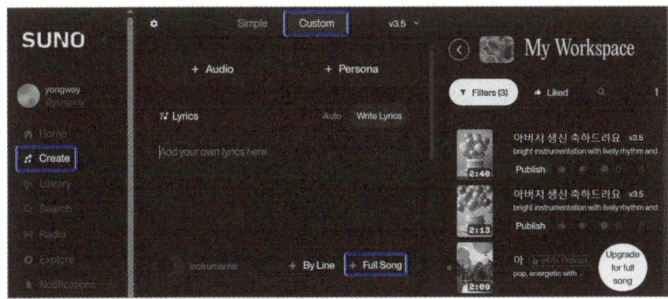

프롬프트를 입력하는 창이 나타납니다. **엄마 생신 축하드려요**를 입력하고 [Write Lyrics]를 클릭합니다.

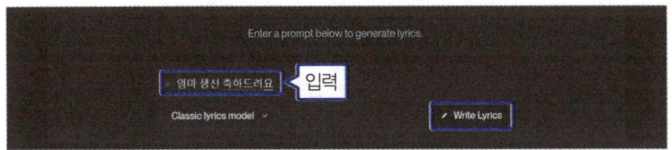

TIP 아무런 프롬프트를 입력하지 않은 상태에서 [Write Lyrics]를 클릭하면 임의의 가사가 두 버전으로 추천됩니다. 원하는 가사를 선택해서 노래를 만들 수도 있습니다.

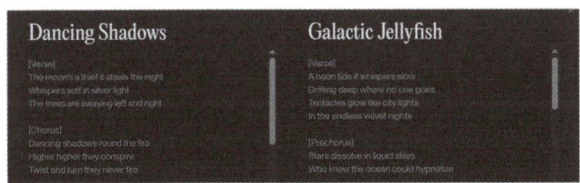

두 가지 버전의 가사가 추천됩니다. 원하는 가사의 [Select This Option]을 클릭합니다.

가사 입력 창에 AI로 생성한 가사가 입력되어 있습니다. 읽어보면서 어색한 부분은 직접 수정해도 됩니다.

스크롤을 내려 [Style] 항목에서 음악 스타일을 입력합니다. 아래에 추천된 태그를 클릭해도 좋습니다. 여기서는 [pop]을 선택합니다.

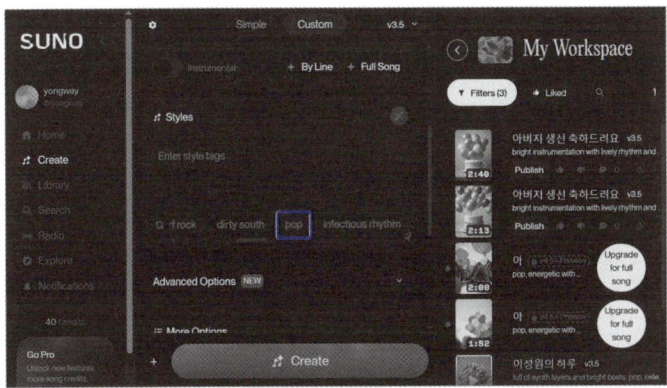

스크롤을 좀 더 내려봅니다. [Song Title] 항목은 나중에 노래를 다운로드하거나 카카오톡으로 공유할 때 노래 제목이 되는 부분이므로 잘 입력해야 합니다. 이미 프롬프트에서 입력한 **엄마 생신 축하드려요**가 입력되어 있습니다. 제목이 괜찮다면 [Create]를 클릭합니다.

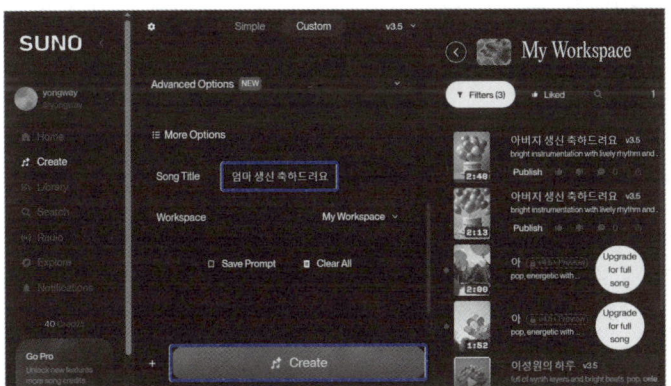

노래가 완성되었다면 재생 버튼을 클릭해 노래를 들어봅니다.

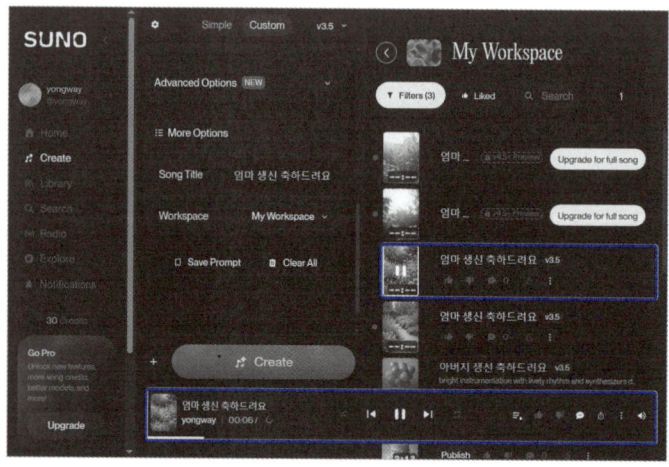

## 노래 다운로드하기

만들어진 노래를 내 컴퓨터에 다운로드해보겠습니다. [My Workspace]의 노래 목록에서 오른쪽에 있는 [더 보기]를 클릭하고 [Download]에 마우스 포인터를 올려둡니다. [MP3 Audio]를 클릭해 오디오 파일로 노래를 다운로드합니다.

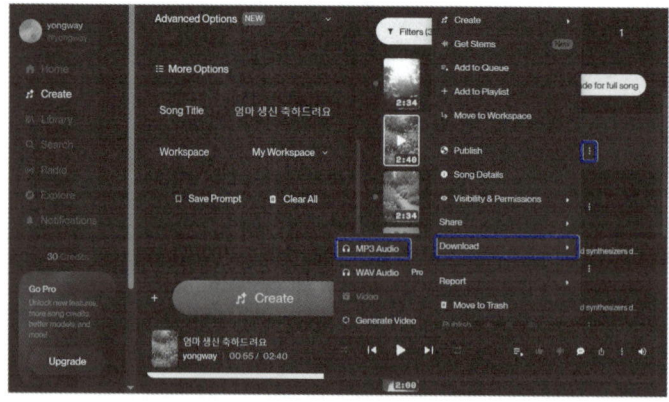

창이 하나 뜨는데요. 상업적 사용에 대한 안내를 하는 창입니다. 문구를 확인하고 [Download Anyway]를 클릭하여 내 컴퓨터에 다른 이름으로 저장합니다.

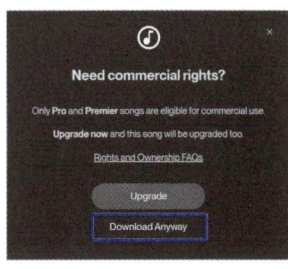
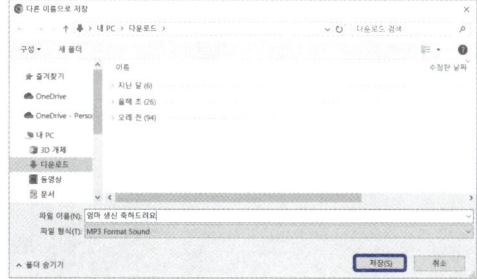

## 카카오톡으로 노래 전송하기

노래를 내 컴퓨터에 저장하지 않고, 바로 카카오톡으로 전송할 수도 있습니다. 원하는 노래의 [공유■]를 클릭합니다. 그러면 링크 주소가 복사됩니다.

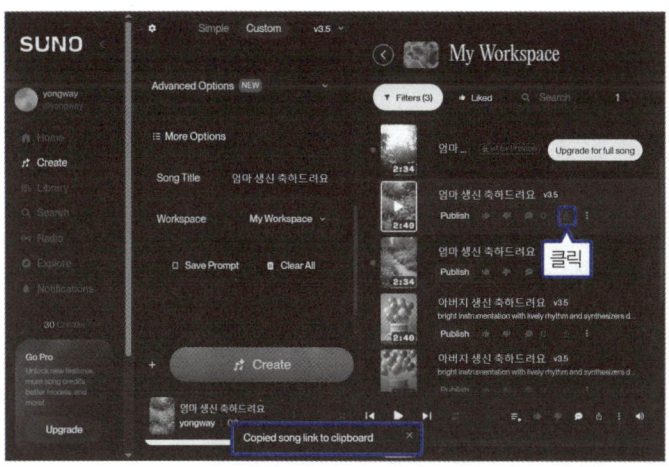

컴퓨터에서 PC 카카오톡을 열어봅니다. 원하는 채팅 창에 링크를 붙여 넣습니다. Ctrl+V를 누르면 쉽겠죠. [전송]을 클릭하면 카카오톡에서 다음과 같이 전달됩니다.

상대방이 메시지를 선택하면 Suno 사이트에 접속되고 음악 플레이 화면이 나옵니다. 재생 버튼을 누르면 노래를 들 수 있고 화면 스크롤을 아래로 내리면 가사까지 확인할 수 있습니다.

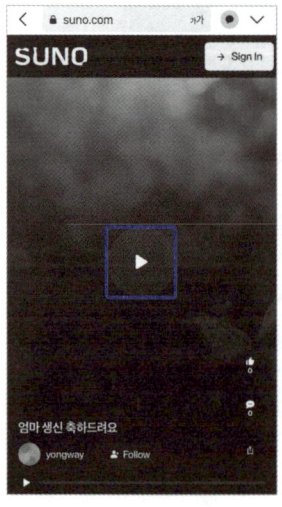 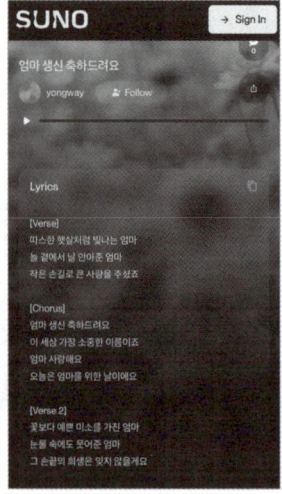

## 노래 커버 이미지 바꾸기

노래를 더 돋보이게 해주는 것이 앨범 커버입니다. Suno AI가 만들어 준 이미지보다 노래와 어울리는 이미지가 들어가면 훨씬 좋겠죠. 엄마 생신 축하 노래에는 엄마 사진이 들어가면 더욱 감동적일 테고요.

[My Workspace]의 노래 목록에서 오른쪽에 있는 [더 보기 ■]를 클릭하고 [Song Details]를 클릭합니다.

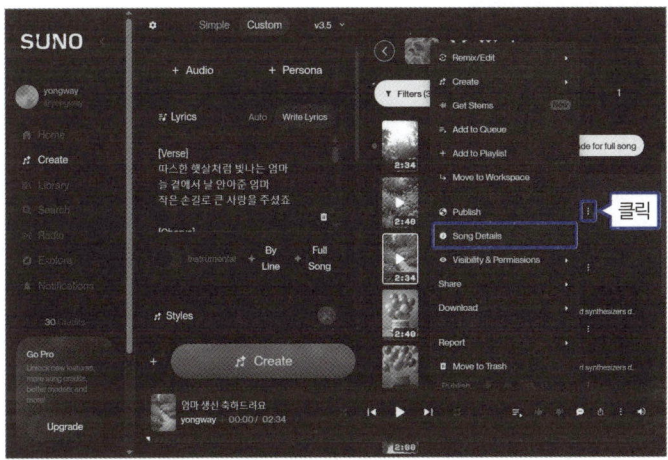

[Edit Song Details] 창이 나타납니다. 여기서 노래 커버와 제목 등도 수정할 수 있습니다. [Replace Image]를 클릭합니다.

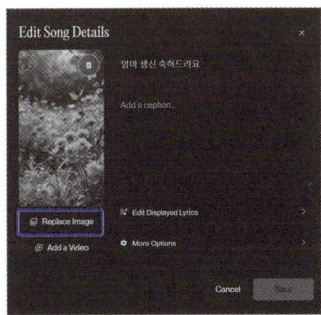

[Add Image] 창에서 [Upload a Photo]를 클릭합니다. 어울리는 사진을 골라 선택합니다.

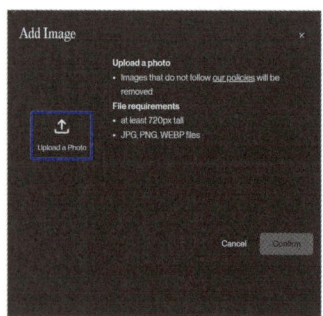

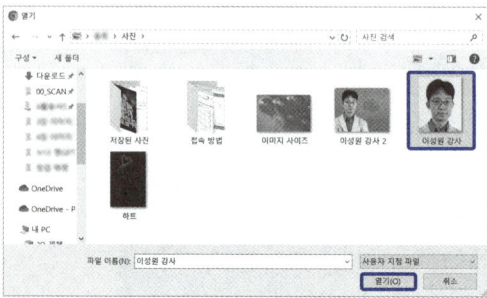

이미지 아래에 있는 슬라이더를 조절하여 이미지 크기를 키우거나 줄일 수 있고, 이미지를 마우스로 드래그하여 위치도 조정할 수 있습니다. 조정을 마쳤다면 [Confirm]을 클릭합니다.

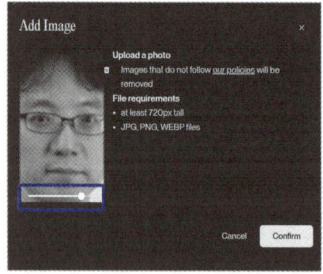 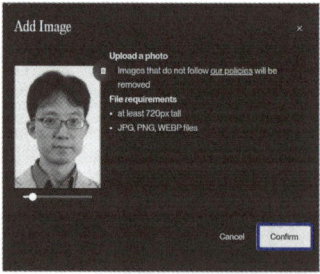

설정을 모두 마쳤다면 [Save]를 클릭해 저장합니다.

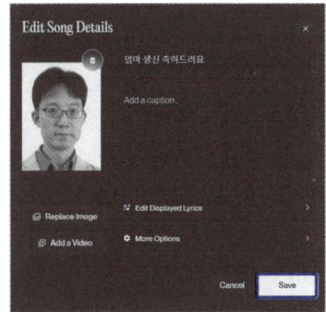

노래 목록에서 앨범 커버가 바뀐 것을 확인할 수 있습니다. 앨범 커버까지 설정해 더욱 특별해진 이 음악을 공유해보겠습니다. [공유 ]를 클릭해 링크 주소를 복사합니다.

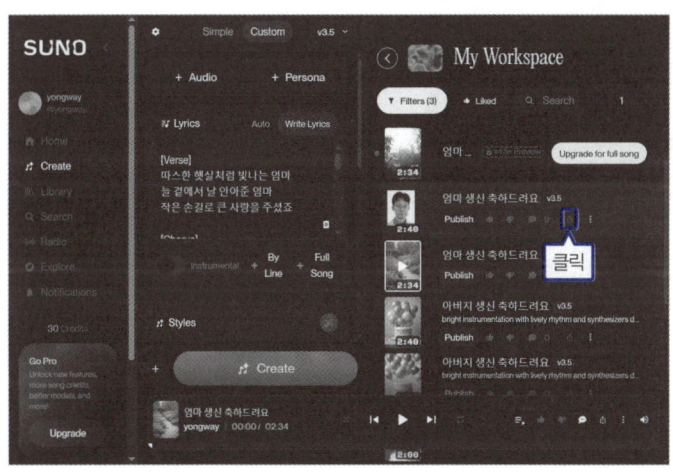

PC 카카오톡으로 들어가서 Ctrl+V를 눌러 링크 주소를 붙여 넣습니다. 상대방이 카카오톡 메시지 링크를 누르면 이렇게 노래와 앨범 커버 이미지가 보입니다.

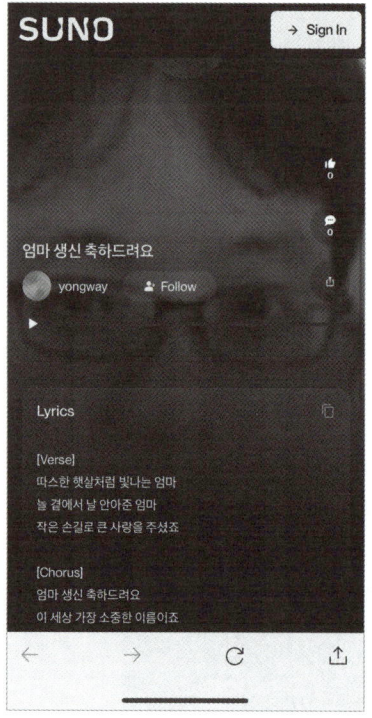

이렇게 만들어진 노래를 가족이나 친구에게 선물해보세요. AI를 모를 때는 주고받을 수 없었던 특별한 선물이 될 것입니다.

### ⏳ 3분만요! 누나IT의 3분 영상 강의

누나IT 유튜브 채널에서 영상을 시청하고 **<Suno AI로 생일 축하 노래 만들기>**실습을 한 번 더 익혀보세요.

QR 코드 인식이 어렵다면 유튜브 검색 창에 누나IT Suno AI 노래 만들기를 검색하세요.

### 정리해볼까요?

- Suno는 문장만으로 노래를 만들어주는 AI 음악 서비스입니다.
- 장르, 분위기, 메시지를 함께 넣으면 더 감동적인 곡을 만들 수 있어요.
- 무료 사용자라면 하루에 다섯 번, 총 10곡을 생성할 수 있습니다.
- 비상업적 목적에 한해 공유할 수 있고, 유튜브 배경음악처럼 상업적으로 사용하려면 유료 결제하여 사용해야 합니다.
- 사진과 제목을 수정해 선물용 노래를 더 특별하게 만들어보세요!

# 챗GPT 유료 사용자라면 Sora로 살아 움직이는 영상을 만들자

### 시작해볼까요?

Sora는 텍스트와 문장을 기반으로 이미지와 영상을 만들어주는 OpenAI(오픈 에이아이)의 서비스입니다. 챗GPT 사용자는 이미지를 무료로 생성할 수 있지만 비디오(영상)를 만들려면 유료 플랜에 가입해야 합니다. 몇 가지 프롬프트를 활용해 원하는 스타일의 영상을 단숨에 만들어보겠습니다.

## 챗GPT 유료로 업그레이드하기

Sora로 영상을 만들고 싶다면 챗GPT 유료 플랜에 가입해야 합니다. 유료 버전은 무료 버전에서 업데이트하여 사용할 수 있으며 월 20달러의 구독료를 카드로 결제한 후 사용할 수 있어요.

🔍 038쪽 챗GPT Plus 플랜으로 업그레이드하기(유료 구독)

## Sora에서 만들고 싶은 영상 스타일 고르기

챗GPT에서 Sora 서비스를 바로 이용할 수 있어요. 왼쪽 메뉴에서 [Sora]를 클릭하세요.

Sora 사이트에 접속하면 다양한 이미지와 영상 샘플을 확인할 수 있습니다. 왼쪽 메뉴에서 [Videos]를 클릭한 후 샘플을 둘러보면서 마음에 드는 영상을 찾아보세요.

갈색 털 고양이가 실내에 앉아서 고개를 갸웃 거리는 영상을 선택했습니다. 이 영상의 스타일을 활용해서 원하는 영상을 만들어볼게요. 영상을 선택합니다.

[View Story]를 클릭하면 영상의 프롬프트와 스토리보드를 확인할 수 있습니다.

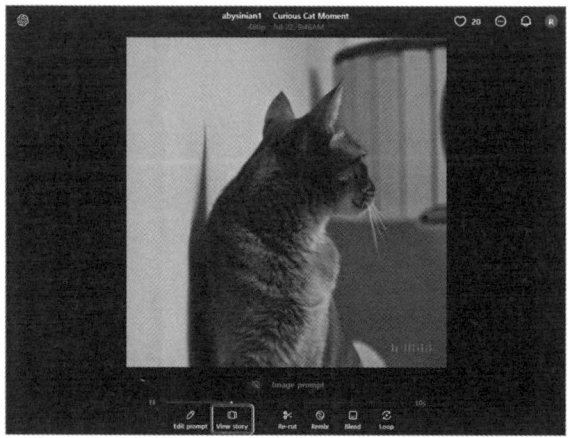

이 프롬프트를 활용해서 원하는 영상을 만들 수 있어요. 그런데 프롬프트가 영어로 되어 있어서 해석이 좀 어렵습니다. 챗GPT를 활용해 해석해볼게요. 스토리보드에서 Ctrl + C 를 눌러 프롬프트를 복사하세요.

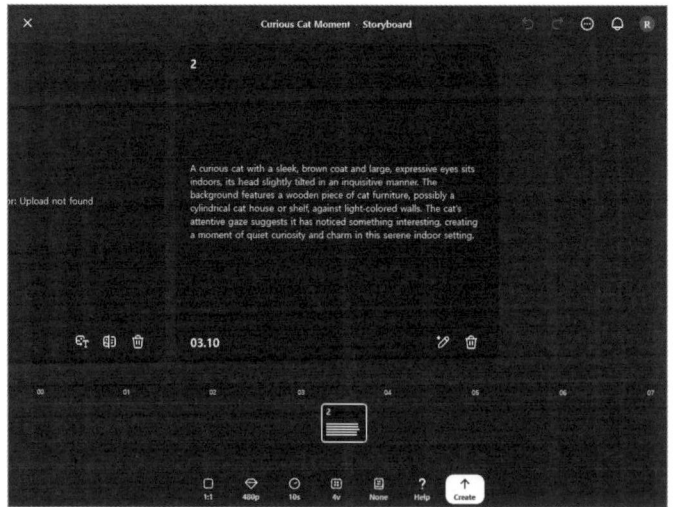

## 챗GPT에서 영상 프롬프트를 한글로 번역하고 문장 수정하기

챗GPT로 돌아가서 프롬프트 입력 창에 프롬프트를 입력해보세요. 앞서 복사한 프롬프트는 Ctrl+V를 눌러 붙여 넣으면 쉽습니다.

A curious cat with a sleek, brown coat and large, expressive eyes sits indoors, its head slightly tilted in an inquisitive manner. The background features a wooden piece of cat furniture, possibly a cylindrical cat house or shelf, against light-colored walls. The cat's attentive gaze suggests it has noticed something interesting, creating a moment of quiet curiosity and charm in this serene indoor setting.
이 문장 해석해줘.

호기심 많은 고양이가 실내에 앉아 있다.
매끄럽고 갈색 빛나는 털을 지닌 이 고양이는 크고 표현력 있는 눈을 가지고 있으며, 머리를 약간 기울인 채 궁금한 듯한 자세를 취하고 있다.
배경에는 원통형 고양이 집이나 선반처럼 보이는 나무로 된 고양이 가구가 있으며, 밝은 색 벽과 어우러져 있다.
고양이는 무언가 흥미로운 것을 발견한 듯 집중된 시선을 보내고 있으며, 이 고요한 실내 공간에서 호기심과 매력이 조용히 어우러진 순간을 만들어낸다.

챗GPT가 문장을 해석해주면 만들고 싶은 영상의 장면을 프롬프트에서 바꿔봅니다. 여기서는 털을 짧은 흰색으로 바꾸고, 고양이를 강아지로 변경했어요. 배경으로 쓰일 장면에는 강아지 집과 도자기로 된 화분, 소파를 추가했습니다.

입력 창에 다음과 같이 프롬프트를 입력해보세요.

귀여운 **강아지**가 실내에 앉아 있다. **짧고 흰색의 빛나는 털을 지닌** 이 **강아지**는 크고 표현력 있는 눈을 가지고 있으며, 머리를 약간 기울인 채 궁금한 듯한 자세를 취하고 있다. **배경에는 강아지 집이나 도자기로 된 화분이 있으며, 밝은 색 소파와 어우러져 있다.** **강아지**는 무언가 흥미로운 것을 발견한 듯 집중된 시선을 보내고 있으며, 이 고요한 실내 공간에서 호기심과 매력이 조용히 어우러진 순간을 만들어낸다.

TIP 챗GPT의 번역 기능이 좋아져 프롬프트를 한글로 정리해도 쉽고 빠르게 영상을 만들어낼 수 있습니다.

TIP 챗GPT 답변을 영어로 번역해달라고 요청한 후, 복사하여 프롬프트 Sora 입력 창에 붙여 넣으면 아주 간단합니다.

## Sora 영상 프롬프트 입력하고 옵션 값 수정하기

챗GPT에서 번역한 프롬프트를 이용해서 영상을 만들어볼게요. 다시 Sora로 이동합니다. [Videos]를 클릭한 후 프롬프트 입력 창에 앞서 영어로 정리한 프롬프트를 입력해보세요. 복사하여 붙여 넣으면 쉽습니다.

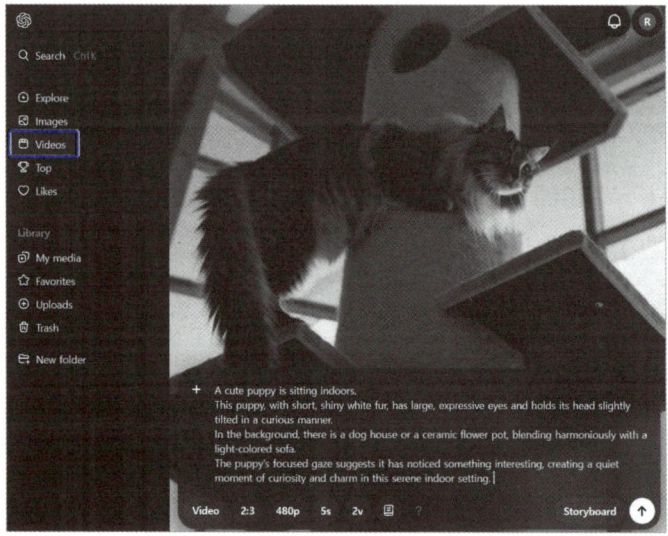

영상의 가로세로 비율을 [9:16]으로 바꿔볼게요. 스마트폰 화면에 최적화된 비율입니다.

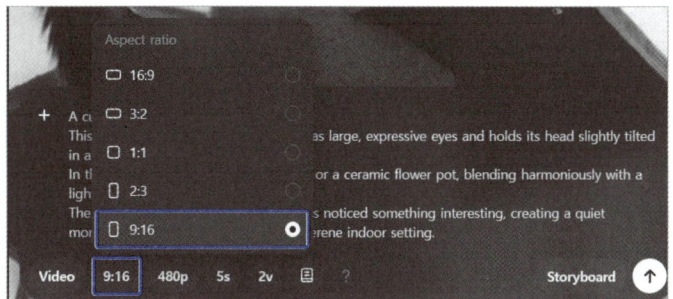

해상도는 [720p]로 변경했어요. 기본 설정인 480p보다 고화질이기 때문에 데스크톱 모니터처럼 큰 화면에서 영상을 봐도 선명하게 보입니다.

TIP 해상도 옆에 있는 [5s]와 [2v]는 영상의 길이가 5초인 두 가지 타입의 영상을 생성해서 보여준다는 의미입니다.

옵션을 다 설정했으므로 생성 아이콘 을 클릭하고 [Create video]를 선택해 영상을 만들어봅니다.

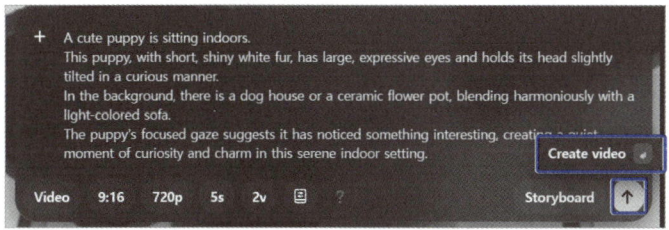

**4장** 챗GPT보다 더 재미있는 AI 툴 써보기 **149**

프롬프트로 요청한 스타일이 적용된 강아지 영상이 만들어졌습니다.
화면 오른쪽 위에 표시된 영상의 섬네일을 클릭하세요.

옵션에서 설정한 것처럼 화면 비율 9:16, 해상도 720p, 재생 시간 5초 분량의 영상이 두 개 생성되었어요.

## 만들어진 영상 다운로드하기

두 개 중 마음에 드는 영상을 하나 선택하여 영상이 잘 재생되는지 확인하세요. 이렇게 만든 영상은 내 컴퓨터에 다운로드한 후 유튜브에 올려두고 감상하거나 지인들과 공유할 수 있습니다. 강아지 영상을 다운로드해볼게요. [Download⬇]를 클릭합니다.

[Download] 항목에서 [Video]를 선택합니다.

 내 컴퓨터에 강아지 영상 파일을 다운로드했습니다.

**TIP** 다운로드한 영상은 실습 파일 4장 폴더 내 Puppy's Curious Gaze.mp4 파일에서 확인할 수 있습니다.

### ⏳ 1분만요! 누나IT의 1분 영상 강의

 누나IT 유튜브 채널에서 1분 쇼츠를 시청하고 **<더 멋진 영상을 만들기 위한 프롬프트 활용법>**을 한 번 더 익혀보세요.
QR 코드 인식이 어렵다면 유튜브 검색 창에 **누나IT 프롬프트 활용법**을 검색하세요.

 **정리해볼까요?**

- 챗GPT를 유료로 업그레이드하면 Sora 서비스의 영상 만들기 기능을 사용할 수 있습니다.
- Sora에서 만들고 싶은 영상 스타일을 고른 후 기존 영상의 프롬프트를 수정하여 원하는 영상을 쉽게 생성할 수 있어요.
- Sora에서 영상을 만들 때는 옵션에서 가로세로 비율이나 해상도, 재생 시간 등을 원하는 대로 설정할 수 있습니다.

# 구글 노트북LM으로 내가 찾은 자료를 요약하고 공유하자!

03

 **시작해볼까요?**

노트북LM(NotebookLM)은 구글에서 만든 인공지능으로, 내가 업로드하거나 인터넷에서 찾은 자료를 직접 분석해서 자료에 기반한 답변을 만들어줍니다. 내가 요청한 자료를 기반으로 정보를 생성하기 때문에 잘못된 정보를 보여줄 일이 없어 답변이 믿을 만해요. 노트북LM으로 생성한 콘텐츠를 마인드맵으로 요약하고 음성으로 이루어진 팟캐스트 형태로 만들어볼게요.

## 노트북LM 사용 설정하기

노트북LM 사이트에서 회원 가입부터 해보겠습니다. 웹브라우저 주소창에 notebooklm.google을 입력하고 Enter를 눌러 노트북LM의 첫 화면으로 이동합니다.

노트북LM의 첫 화면은 깔끔한 디자인으로 구성돼 있습니다. '무엇이든 이해할 수 있습니다'라고 자신감을 보여주기도 하네요. [Try NotebookLM]을 클릭해봅니다.

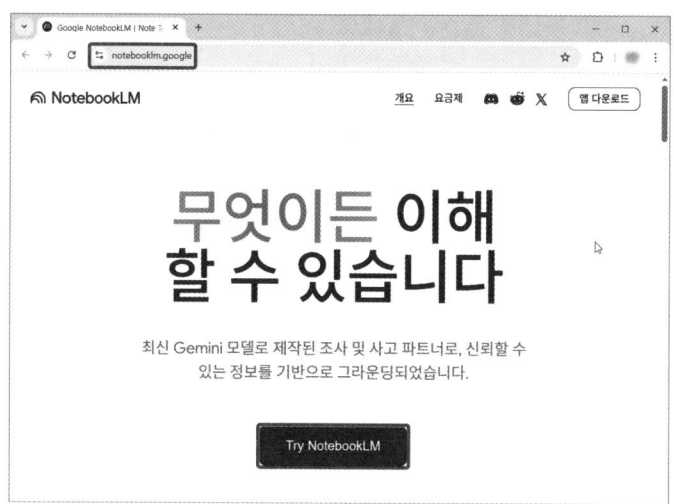

노트북LM을 사용하려면 구글 계정으로 본인 인증을 해야 합니다. 본인 인증 화면이 나타나면 [다음]을 클릭해 진행하세요.

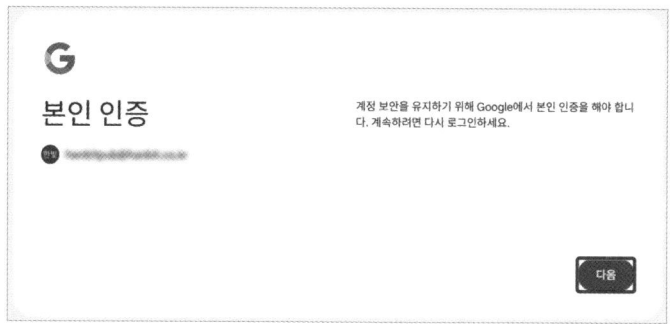

이제 노트북LM을 사용할 수 있습니다. [확인]을 클릭합니다.

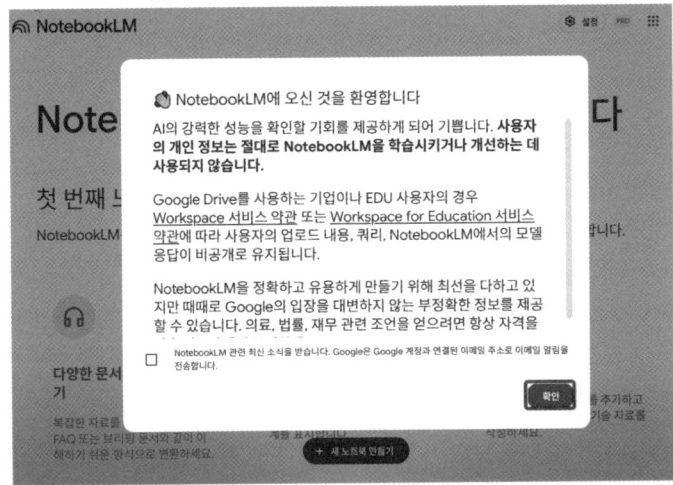

[새로 만들기]를 클릭해 새 노트를 만듭니다.

4장 챗GPT보다 더 재미있는 AI 툴 써보기 **155**

## 인터넷에서 찾은 자료를 마인드맵으로 요약하기

새 노트를 만들면 소스 추가 화면이 나타나는데, 이미 가지고 있는 자료가 있다면 직접 업로드해서 사용할 수 있습니다.

여기서는 인터넷에서 검색한 자료로 노트북LM의 기능 중 하나인 마인드맵을 만들어볼게요. 마인드맵은 자료를 요약하고 구조를 확인할 때 유용합니다.

[소스 검색]을 클릭하세요.

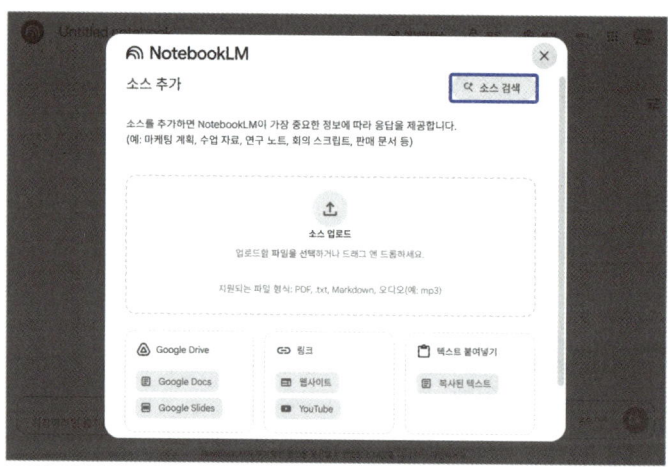

[소스 검색] 창이 나타나고 '무엇에 관심이 있는지' 물어봅니다. 검색할 내용을 입력하고 [제출]을 클릭합니다.

여기서는 **당뇨의 원인과 치료 방법, 예방법**을 입력하고 [제출]을 클릭해볼게요.

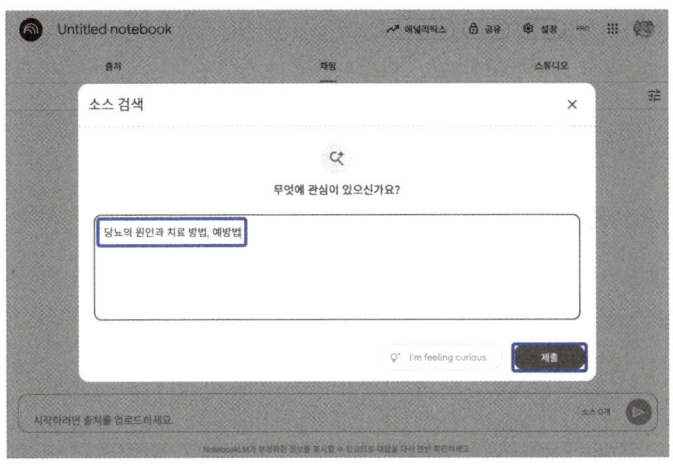

소스 검색이 완료되면 인터넷에서 찾은 자료의 제목과 출처가 화면에 표시됩니다. 체크 박스를 클릭해 원하는 자료를 선택하고 [가져오기]를 클릭합니다.

내가 선택한 소스만으로 당뇨에 관한 노트가 만들어졌어요. 당뇨에 관해 궁금한 내용은 [채팅] 영역의 채팅을 통해 답변을 얻을 수 있습니다. 소스를 한눈에 살펴볼 수 있도록 마인드맵을 만들어볼게요. 오른쪽의 [마인드맵]을 클릭합니다.

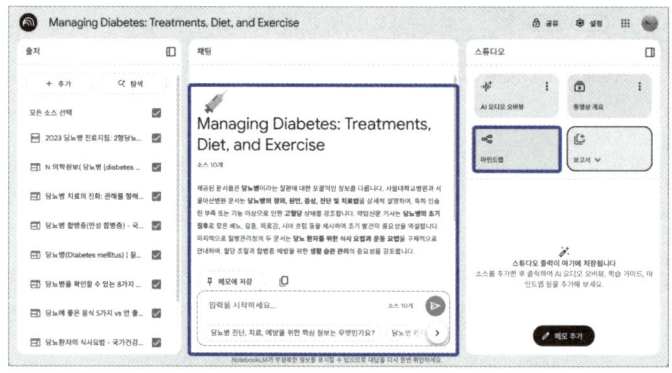

'마인드맵이 생성 중' 문구가 나타납니다. 잠시만 기다리면 생성이 완료됩니다. 마인드맵 작성이 완료되면 [당뇨병: 이해와 관리]를 클릭하여 마인드맵을 열어보세요.

마인드맵이 표시되면 마인드맵 전체를 볼 수 있도록 오른쪽 아래에 있는 확대/축소 버튼을 클릭합니다. [축소 -]를 몇 번 클릭해 크기를 줄입니다.

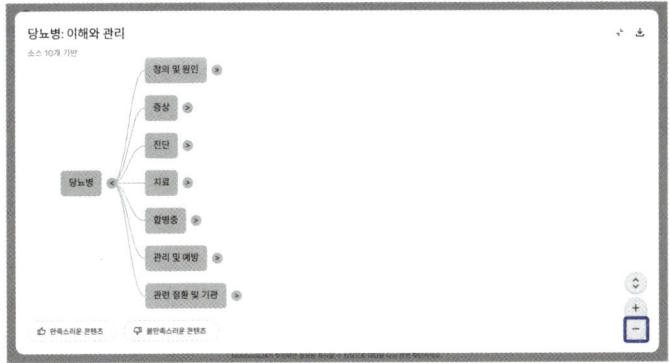

마인드맵에서 열기 아이콘 을 클릭해 마인드맵의 하위 항목을 추가로 열어 내용을 확인합니다.

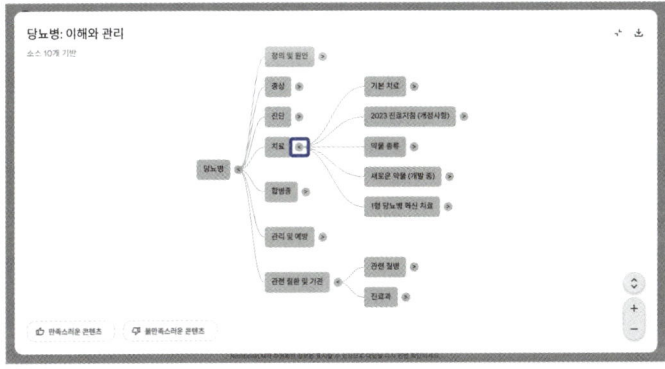

TIP 열려 있는 마인드맵 항목을 닫으려면 닫기 아이콘 을 클릭합니다. 마인드맵 전체를 닫으려면 마인드맵 뷰 닫기 를 클릭합니다.

TIP 마인드맵 오른쪽 위에는 아이콘 모음 이 표시됩니다. 마인드맵 뷰 열기/닫기 를 클릭하면 펼쳐진 마인드맵을 접거나 펼칠 수 있습니다. 다운로드 를 클릭하면 만들어둔 마인드맵을 이미지 형식인 PNG 파일로 다운로드할 수 있습니다.

마인드맵 뷰 닫기 ⊡를 클릭해 마인드맵에서 나옵니다.

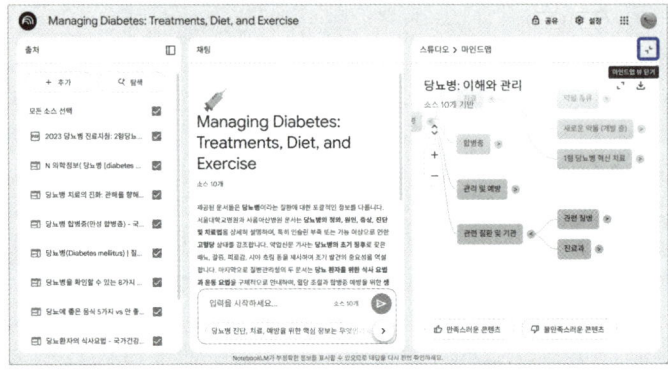

## 인터넷에서 찾은 소스로 대화하는 팟캐스트 만들기

노트북LM에는 AI 오디오 오버뷰라는 재미있는 기능이 있습니다. 선택한 소스를 분석해서 두 사람이 대화를 나누는 방식의 음성 파일을 만들어줍니다. AI 오디오 오버뷰로 작업한 파일을 다운로드한 후 팟캐스트나 유튜브 영상의 음성 소스로도 활용할 수 있습니다.

오른쪽 [스튜디오] 영역에서 [AI 오디오 오버뷰]를 클릭합니다.

TIP AI 오디오 오버뷰를 생성하려면 몇 분 정도 소요됩니다.

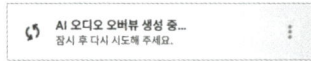

AI 오디오 오버뷰가 생성되었습니다. 재생 아이콘▶을 클릭해 대화를 재생해보세요. 두 사람이 당뇨를 주제로 대화를 나누는 팟캐스트가 완성되었습니다.

TIP   AI 오디오 오버뷰의 재생 속도를 빠르거나 느리게 조절하고 싶다면 [더 보기 ⋮ ]를 클릭한 후 [재생 속도 변경]에서 원하는 배속을 선택해 적용합니다.

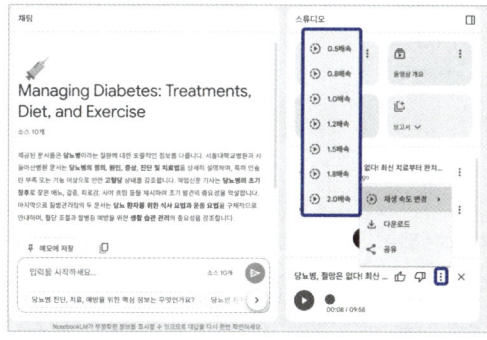

## 완성된 AI 오디오 오버뷰를 음성 파일로 다운로드하기

AI 오디오 오버뷰는 선택한 자료만 분석해서 만든 대화 형식의 요약본이라서 활용도가 높습니다. 관심 있는 주제를 지인에게 공유하거나 팟캐스트, 혹은 유튜브 영상의 음성 소스로 활용할 수 있습니다.

AI 오디오 오버뷰를 다운로드하는 방법을 알아볼게요.

[더 보기 :]를 클릭하고 [다운로드]를 선택합니다.

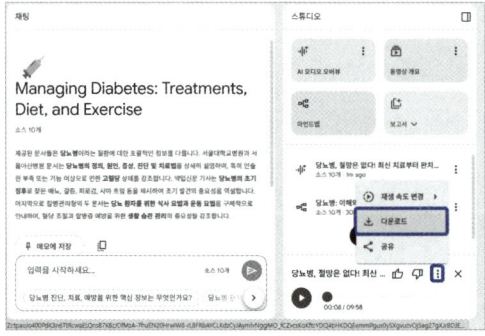

내 컴퓨터에 AI 오디오 오버뷰 음성 파일을 다운로드했습니다.

TIP 다운로드한 AI 오디오 오버뷰 음성은 실습 파일 4장 폴더 내 Diabetes_ Prevention, Management, and Treatment.wav 파일에서 확인할 수 있습니다.

TIP AI 오디오 오버뷰 음성 파일을 텍스트로도 확인할 수 있습니다. 오른쪽 메뉴 중 [보고서]-[브리핑 문서]를 선택합니다. 인터넷에서 찾은 소스 내용이 보기 좋게 요약, 정리된 것을 확인할 수 있습니다.

## 선택한 소스를 기반으로 노트북LM에서 채팅하기

노트북LM에서 만든 노트북을 살펴보면 위쪽에 [출처], [채팅], [스튜디오] 탭이 표시되어 있어요. [출처] 탭에서는 처음에 소스로 선택한 자료 목록을 확인할 수 있습니다. [채팅] 탭에서는 소스를 기반으로 궁금한 내용을 채팅으로 물어보면서 답변을 얻을 수 있어요.

예를 들어 **당뇨에 좋은 식단 추천해줘**라고 입력해봅니다.

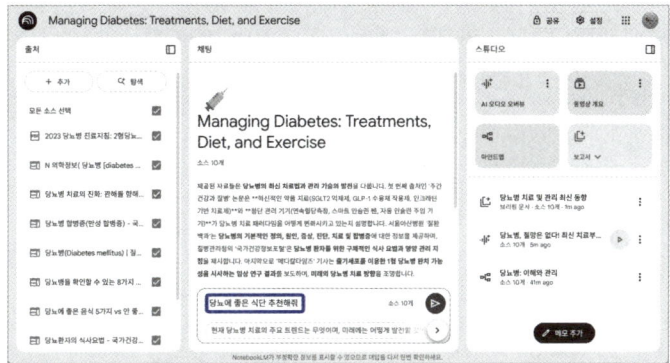

챗GPT와의 대화처럼 소스에서 답변을 찾아 채팅으로 보여줍니다.

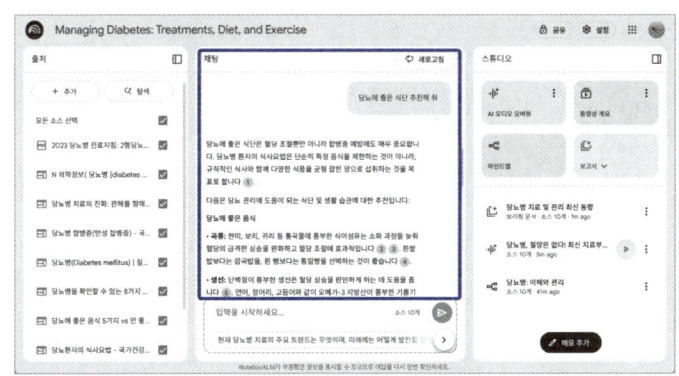

**TIP** 노트북의 채팅 기능은 노트북 액세스 권한이 있는 사용자도 활용할 수 있습니다.

### ⏳ 1분만요! 누나IT의 1분 영상 강의

누나IT 유튜브 채널에서 1분 쇼츠를 시청하고 **<마인드맵, AI 오디오 오버뷰 소개>**를 한 번 더 익혀보세요.

QR 코드 인식이 어렵다면 유튜브 검색 창에 **누나IT 마인드맵 AI 오디오**를 검색하세요.

---

### 정리해볼까요?

- 노트북LM에서는 선택한 소스의 내용을 한눈에 볼 수 있는 마인드맵을 만들거나 소스를 분석해서 음성으로 출력되는 AI 오디오 오버뷰를 만들 수 있습니다.
- 노트북LM에서 만든 마인드맵과 AI 오디오 오버뷰는 이미지나 음성 파일로 다운로드 할 수 있고, 노트북 자체는 링크로 공유하는 것도 가능합니다.
- 노트북에 액세스 권한이 있는 사용자는 노트북에서 선택한 소스를 확인하고 채팅을 통해 질문과 답을 주고받을 수도 있습니다.

# 제미나이로 유튜브 영상 분석하고 @로 구글 서비스 연결하기

**시작해볼까요?**

요즘 가장 화제가 되고 있는 챗GPT와 함께 주목받는 인공지능(AI) 서비스는 바로 구글이 만든 생성형 AI 제미나이(Gemini)입니다. 챗GPT와 동일한 방법으로 프롬프트를 작성할 수 있고 AI 이미지까지 생성할 수 있어서 활용 범위가 무궁무진해요. 챗GPT 무료 버전은 사용량 제한 때문에 불편한 경우가 많은데 이때 제미나이를 함께 써보세요. 더 자유롭고 다양한 인공지능 활용법을 경험할 수 있습니다.

## 제미나이 사용 설정하기

제미나이는 구글이 직접 만든 서비스로 Gmail(지메일), Google Drive(구글 드라이브), Google Maps(구글 맵) 등 구글 앱과 연동성이 뛰어납니다. 즉, 일상에서 자주 사용하는 도구들과 자연스럽게 연결되어 하나의 대화 창에서 모든 업무를 처리할 수 있습니다.

제미나이 앱을 사용할 수 있도록 설정해볼게요. 웹브라우저 주소 창에 **google.com**을 입력하고 구글의 첫 화면으로 이동합니다. 오른쪽 위의 [Google 앱]을 클릭하면 다양한 구글 앱이 표시됩니다.

제미나이 앱인 [Gemini]를 클릭하세요.

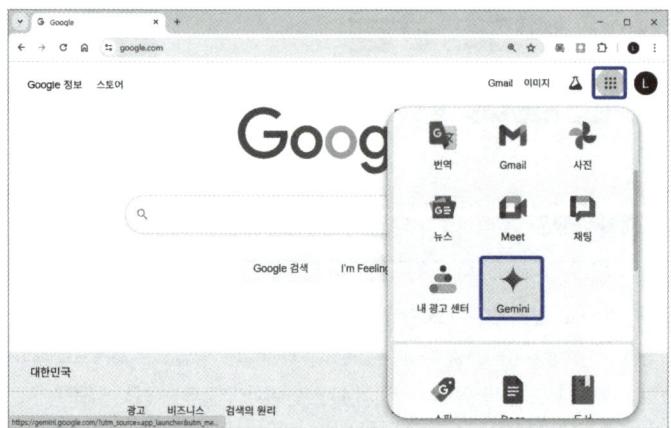

TIP 구글에 로그인한 후 약관 및 개인 정보 보호 관련 안내가 나타나면 [Gemini 사용하기]를 클릭하고 [계속]을 클릭해 설정을 완료합니다.

제미나이를 제대로 활용하기 위해서는 앱을 활성화해야 합니다. 톱니바퀴 모양의 [설정 및 도움말 ⚙]을 클릭한 후 [앱]을 선택하세요.

 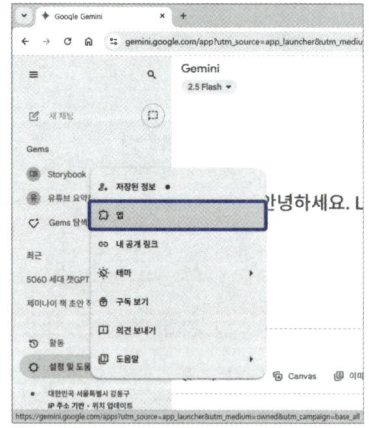

화면에 표시되는 모든 버튼을 클릭해 활성화합니다.

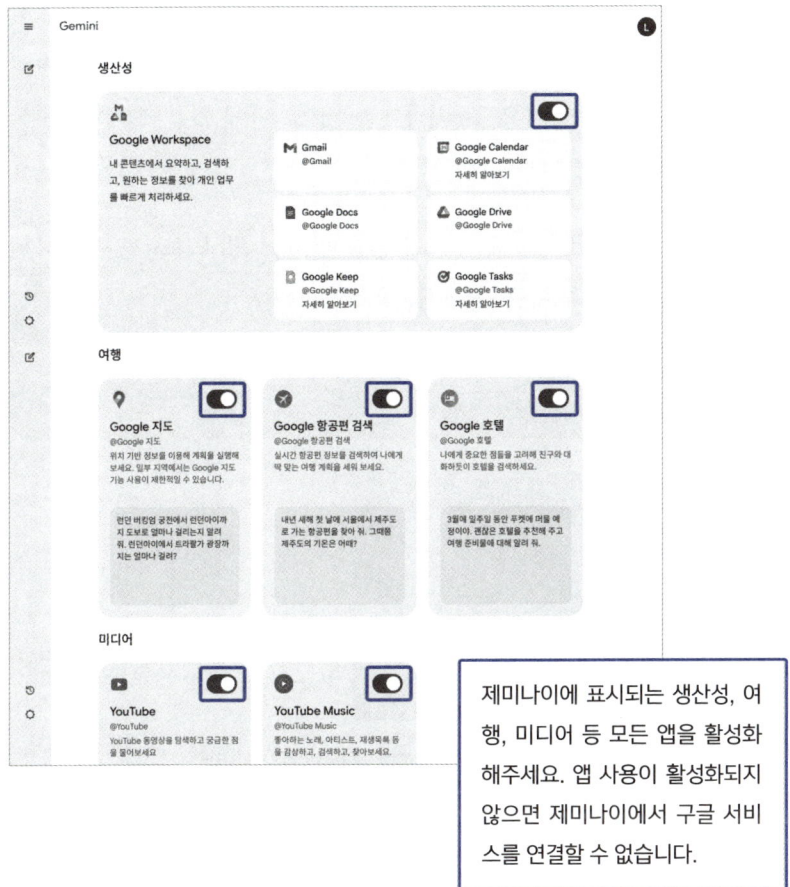

제미나이에 표시되는 생산성, 여행, 미디어 등 모든 앱을 활성화해주세요. 앱 사용이 활성화되지 않으면 제미나이에서 구글 서비스를 연결할 수 없습니다.

이제 제미나이 앱을 사용할 준비가 되었습니다. 제미나이의 다양한 기능 중 사용자의 생산성을 극대화할 수 있는 두 가지 핵심 기능인 영상 요약과 구글 서비스 연결 활용을 집중해서 살펴볼게요.

## 유튜브 영상의 핵심만 뽑아 빠르게 요약, 분석하기

유튜브에는 강의, 뉴스, 튜토리얼 등 유익한 콘텐츠가 넘쳐납니다. 하지만 영상 길이가 너무 길면 다 보기 어렵고, 영상의 핵심 내용만 빠르게 알고 싶을 때도 많아요. 제미나이는 몇 초 만에 영상 속 음성을 분석해 핵심만 쏙쏙 뽑아 정리해줍니다.

유튜브에서 요약, 분석하고 싶은 영상을 골라서 링크 주소를 복사하세요. 영상 아래쪽에 위치한 [공유]를 클릭합니다.

[게시물로 공유] 창이 뜨면 [복사]를 클릭하세요.

제미나이 대화 창에 복사한 링크 주소를 붙여 넣고 **요약**이라고 입력한 후 Enter 를 누르세요.

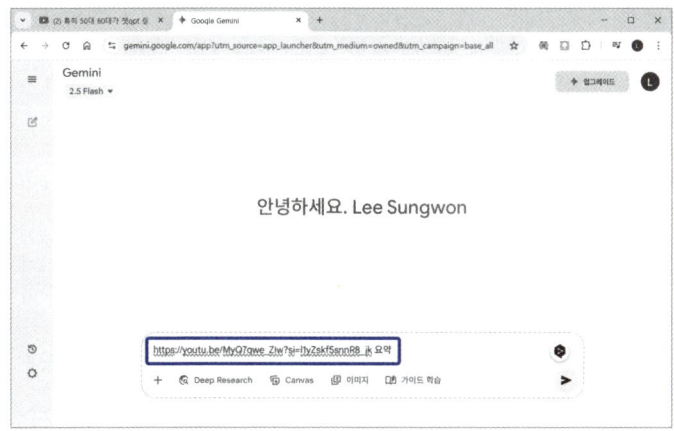

제미나이가 영상 내용을 분석해 핵심 아이디어, 주요 개념, 중요한 장면 등을 정리해줍니다.

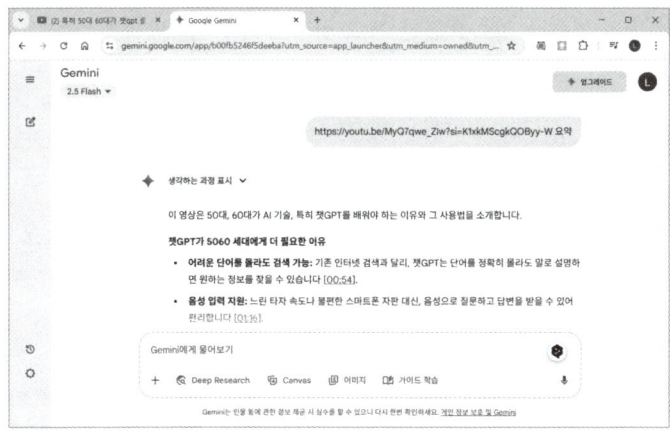

 **유튜브 영상 요약에 써먹을 수 있는 프롬프트 꿀팁**

제미나이에서 유튜브 영상을 요약할 때 사용할 수 있는 프롬프트를 알아보고, 영상을 원하는 방식으로 요약할 수 있는 몇 가지 팁을 소개할게요.

▶ **실습 프롬프트1**

[유튜브 URL] 이 영상의 핵심 내용을 알려줘.
→ 영상의 핵심만 뽑아서 몇 가지로 정리해줍니다.

▶ **실습 프롬프트2**

[유튜브 URL] 이 영상의 주요 내용 세 가지로 요약해줘.
→ 영상의 핵심 내용을 세 가지 항목으로 요약해줍니다.

▶ **실습 프롬프트3**

[유튜브 URL] 핵심 개념을 표로 정리해줘.
→ 영상의 핵심 내용을 일목요연한 표로 정리해서 보여줍니다.

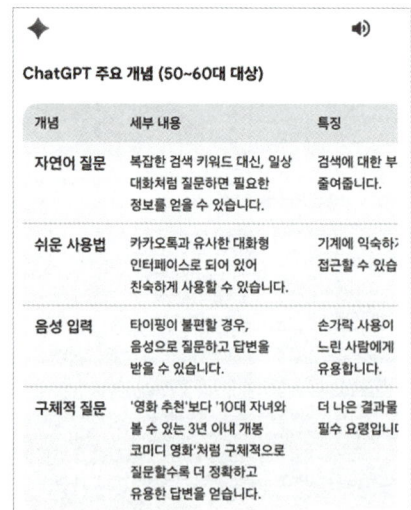

> ▶ 영상을 더 잘 요약할 수 있는 세 가지 꿀팁

1. 구체적으로 요청하기
단순히 **요약해줘**라고 요청하기보다는 **장단점을 요약해줘** 또는 **단계별로 정리해줘**라고 요청하면 더 정확한 결과를 얻을 수 있습니다.

2. 길이 설정하기
영상을 요약할 때 **100 단어 이내로 요약해줘**처럼 글자수를 제한할 수 있습니다.

3. 형식 지정하기
**목록 형식으로 정리해줘** 또는 **표로 만들어줘**와 같이 원하는 요약 형식을 미리 알려주면 훨씬 보기 좋게 정리해줍니다.

## @로 제미나이와 구글의 모든 서비스 연결하기

일상에서는 메일, 문서, 지도, 일정 등 여러 앱을 오가며 정보를 찾고 확인하는데, 제미나이에서는 앱을 따로 열지 않아도 @ 기호만 붙이면 구글의 모든 서비스가 연결됩니다.

간단하게 @ 기호만 붙이면 대화 창에서 바로 파일을 검색하고 메일을 확인하거나 지도를 조회할 수 있어요. 업무 중에 이런 기능을 활용한다면 업무 흐름이 끊기지 않는다는 장점도 있겠죠?

제미나이 대화 창에 **@**를 입력합니다. Gmail, Google Drive, Google Maps 등 구글 서비스 목록에서 원하는 서비스를 선택합니다. 여기서는 [Gmail]을 선택할게요.

제미나이 대화 창에 '@Gmail'이라고 표시되면 다음과 같이 프롬프트를 입력합니다.

> @Gmail 이번 주에 온 메일 요약해줘

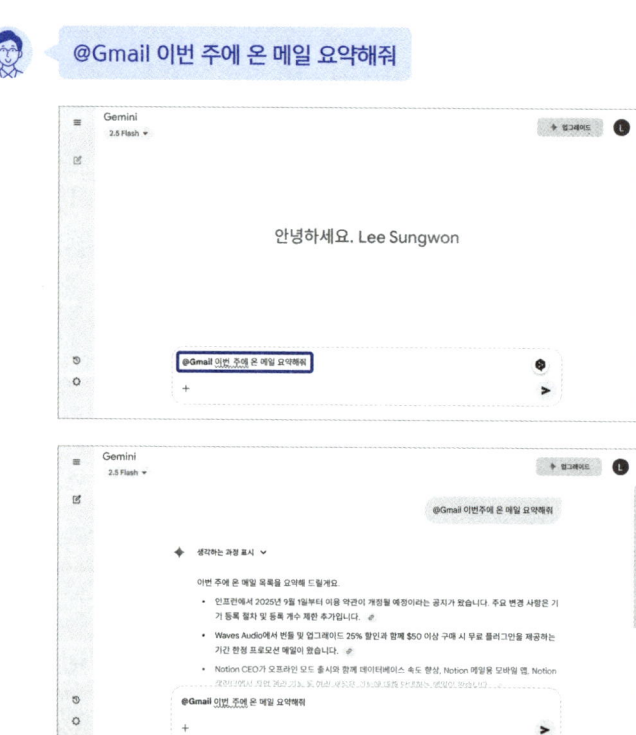

메일 앱을 따로 열지 않아도 메일 내용이 요약되어 대화 창에 표시됩니다.

 **바로 실행할 수 있는 구글 서비스 활용법**

제미나이 대화 창에서 @를 입력하고 서비스 목록에서 원하는 구글 서비스를 선택한 후 활용법을 연습해보세요.

1. @Google Calendar(구글 캘린더) : 다량의 일정 등록

제미나이 대화 창에 **@Google Calendar 8/16~8/20, 9/16~9/20, 10/16~10/20 회사 세미나 등록**이라고 입력해봅니다.

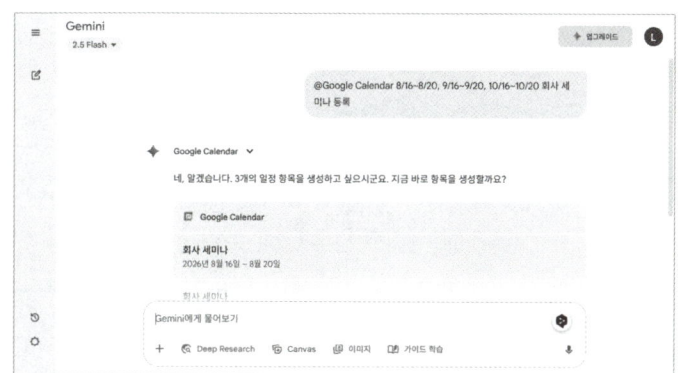

구글 캘린더에 세 가지 일정이 모두 등록된 것을 확인할 수 있어요.

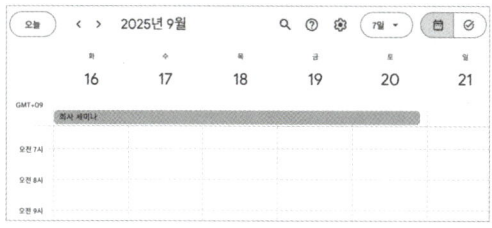

TIP @Google Calendar를 입력한 후 등록한 일정을 취소하거나 변경해보세요.

2. @Google Maps : 장소 검색 및 경로 확인

제미나이 대화 창에 **@Google Maps 다음 주 출장 갈 서울역 근처 설렁탕 맛집 추천해줘**라고 입력해봅니다. 요청한 맛집을 검색한 후 구글 맵에 위치를 표시해줍니다.

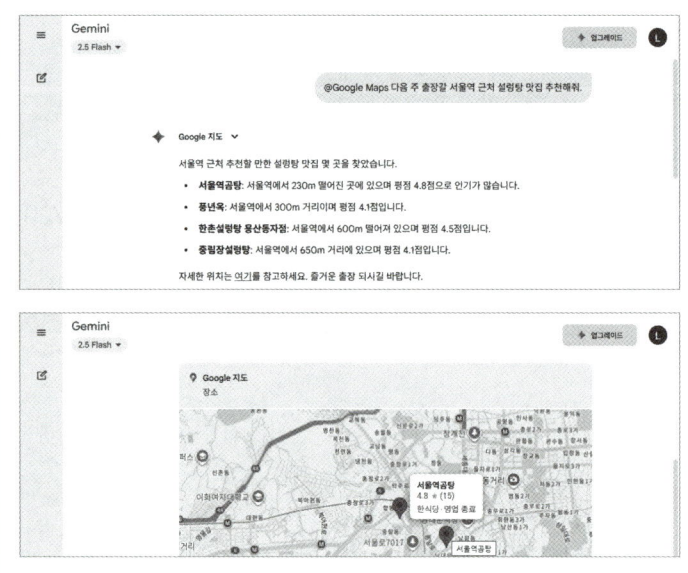

### 정리해볼까요?

- 제미나이는 구글에서 만든 생성형 AI 서비스로 구글 앱과 연결이 잘 됩니다.
- 제미나이에 유튜브 영상 링크와 함께 영상 요약 관련 프롬프트를 입력하면 순식간에 영상 내용을 분석해줍니다. 주요 개념, 중요한 장면 등을 정리할 때 편리해요.
- 제미나이 대화 창에 @를 입력하고 구글 서비스를 선택한 후 수행할 내용을 입력하면 Gmail, Google Drive, Google Maps 등 여러 앱을 직접 실행할 필요 없이 한 번에 요청 업무를 처리해줍니다.

# 나노바나나를 활용해 얼굴을 그대로 유지한 채 이미지를 수정해보자

## 05

**시작해볼까요?**

최근 인터넷 커뮤니티와 SNS를 들썩이게 하고 있는 인공지능 이미지 생성 및 편집 모델인 나노바나나에 대해 들어보셨나요? 나노바나나는 구글이 발표한 제미나이 2.5 플래시 이미지라는 이름의 서비스로, 구글 AI 스튜디오 웹사이트나 제미나이 앱에서 무료 버전을 이용할 수 있습니다. 무료 사용자는 최대 100장의 이미지를 편집할 수 있고 유료 사용자는 최대 10배 더 많은 이미지를 편집할 수 있다고 합니다. 나노바나나로 인물이나 사물의 디테일을 그대로 유지하면서 원하는 이미지를 만들어볼게요.

## 나노바나나가 특별한 이유

나노바나나가 특별한 이유는 속도와 일관성에 있어요. 챗GPT보다 이미지 생성 속도가 빠르고 캐릭터의 얼굴이나 동물, 사물의 구체적인 속성을 그대로 유지한 채 원하는 이미지를 만들어줍니다.

챗GPT에게 이미지 수정을 요청하면 구체적인 속성이 조금씩 변해 만족도가 떨어지는 경우가 많은데 나노바나나를 활용하면 사진 속 인물의 얼굴을 유지한 채 헤어스타일이나 옷 차림, 이미지의 배경을 자유롭게 바꿀 수 있어요.

제미나이 앱에 얼굴이 나온 사진을 업로드한 후 전신 이미지를 만들어 달라고 요청하면 자연스러운 모습으로 사진을 만들어줍니다. 텍스트 명령만으로 이미지 생성 및 편집이 가능해서 사용 방법이 아주 쉽습니다.

**TIP** 채팅 창에 얼굴 사진을 업로드하고 프롬프트로 **전신 나오게 만들어 줘**라고 요청했습니다.

## 스마트폰에 제미나이 앱 설치하기

스마트폰에 제미나이 앱을 설치하려면 플레이스토어 앱을 열고 아래쪽 상태바에서 [검색]을 누른 후 **제미나이**를 입력하세요. 관련 앱이 검색되어 나타납니다.

**Google Gemini**라고 써 있는 앱을 선택하여 설치하세요. 이미 제미나이 앱이 설치되어 있다면 꼭 업데이트하세요.

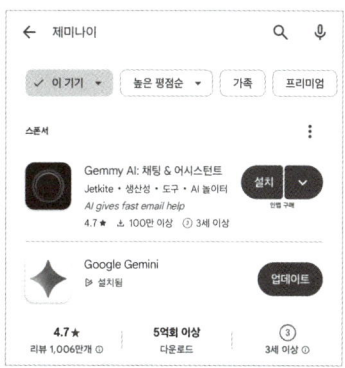

TIP 제미나이 앱은 안드로이드 스마트폰의 구글 기본 앱으로 이미 설치되어 있는 경우가 많습니다. 업데이트하여 사용하세요.

## 음성으로 이미지 생성하고 편집하기

스마트폰에서 제미나이 앱을 실행한 후 음성으로 이미지를 만들고 편집해볼게요. 제미나이 앱 채팅 창의 마이크 아이콘을 누르면 대화하듯이 음성으로 프롬프트를 입력할 수 있어요. 실습은 무료 버전으로 진행합니다.

마이크 아이콘을 누른 후 음성으로 다음과 같이 말해보세요. 프롬프트가 입력됩니다.

 20대 여대생이 캠퍼스에 거닐고 있는 모습 그려줘.

하늘색 원피스 입은 여대생이 캠퍼스를 걷고 있는 이미지가 생성되었네요.

이미지를 조금 더 편집해볼게요. 시선이 정면을 향하면서 상반신을 클로즈업하고 노란색 원피스를 입고 있는 모습으로 바꿔보겠습니다. 그리고 머리 스타일도 바꿔볼게요.

이번에도 마이크 아이콘을 누른 후 다음과 같이 말하면 프롬프트가 입력됩니다.

 노란색 원피스로 바꿔줘. 시선이 정면을 향하면서 상반신만 나오게 하고 머리 스타일을 단발로 바꿔줘.

인물의 얼굴은 유지한 채 상반신이 확대되면서 옷 색깔과 시선 방향이 바뀌었습니다. 머리 스타일도 요청한 대로 단발로 깔끔하게 바꿔주었네요.

이번에는 이미지의 배경과 표정을 바꿔볼게요. 같은 방식으로 마이크 아이콘을 누르고 다음과 같이 음성으로 프롬프트를 입력해보세요.

 배경은 바닷가로 바꿔줘. 표정은 신나게 웃는 모습을 그려줘.

배경이 캠퍼스에서 바닷가로 바뀌고, 동일한 인물이 웃는 모습으로 이미지가 변경되었습니다.

제미나이의 이미지 생성 기능을 이용하면 사람, 동물 등 캐릭터의 모습은 그대로 유지하면서 배경과 헤어 스타일, 옷, 악세서리 등을 손쉽게 바꿀 수 있어요.

## 입고 싶은 옷을 내 사진에 합성해서 스타일 확인하기

제미나이에 여러 이미지를 업로드한 후 한 장으로 합성하는 기능을 익혀볼게요. 평소 입어보고 싶었던 옷을 내 사진에 합성하고 나에게 어울리는 스타일인지 살펴볼까요?

제미나이 앱 대화 창 아래쪽에 [업로드 +]를 누른 후 [갤러리]를 누르세요. 내 사진과 입어보고 싶은 옷 이미지를 여러 개 선택한 후 [완료]를 누릅니다.

TIP 합성할 이미지가 스마트폰에 저장되어 있어야 합니다.

채팅 창에 이미지가 업로드되었다면 마이크 아이콘을 누른 후 음성으로 다음과 같이 프롬프트를 입력해보세요.

사진처럼 하늘색 양복과 넥타이 입혀줘

사진 속 옷차림이 하늘색 양복과 넥타이를 입은 모습으로 똑같이 바뀝니다.

제미나이 이미지 합성 기능을 활용하면 인터넷에서 옷을 사기 전에 나에게 어울리는지 미리 입어볼 수 있고 쇼핑몰에서도 모델 없이 프롬프트만으로 원하는 옷을 입힐 수 있어 활용도가 높습니다.

TIP 제미나이의 기능이 워낙 강력하다 보니 혹시 내 얼굴 사진 등이 나쁜 사람들에게 악용되면 어쩌나 염려스러울 수 있어요. 제미나이에서 생성한 이미지는 오른쪽 아래에 워터마크가 표시되어 있어 구별하기 쉽습니다. 또한 눈에 보이지 않는 디지털 워터마크도 기술적으로 삽입되어서 AI가 생성한 이미지라는 것을 더 확실하게 식별할 수 있게 도와줍니다.

 **인물 사진으로 3D 피규어 이미지 만들기**

제미나이에서 요즘 유행하는 피규어 이미지를 만들어볼게요. 제미나이 대화 창에서 [업로드 +]를 누르고 피규어로 만들 이미지를 선택한 후 다음과 같이 프롬프트를 입력해보세요.

🔍 대화 창에 이미지를 첨부하는 방법은 106쪽을 참고하세요.

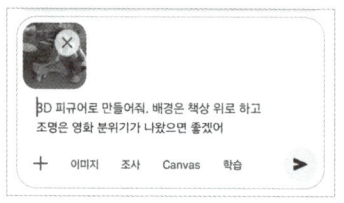

피규어 이미지를 조금 더 편집하고 싶다면 **피규어 박스, 발 받침 등을 추가해줘**라고 요청해보세요. 다른 분위기로 만들고 싶다면 **좀 밝게 만들어줘**와 같이 조명을 바꿔달라고 요청하세요.

 **조금 더 가볼까요?** 제미나이에서 프롬프트를 더 잘 만들 수 있는 꿀팁

먼저 **나노바나나가 뭐야?**와 같이 나노바나나에 대해 물어보세요. 그리고 만들고 싶은 이미지의 프롬프트를 추천해달라고 요청하세요. 예를 들어 **3D 피규어를 사실적으로 만들려고 하는데 관련된 프롬프트 추천해 줘**라고 물어보세요.

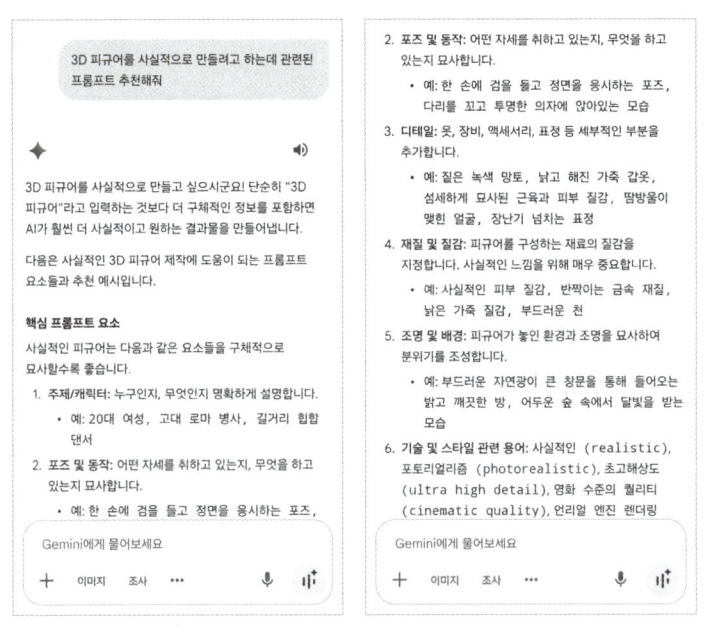

추천 프롬프트를 보여주면 이 프롬프트를 기반으로 다양한 이미지를 만들면서 실습해보세요. 프롬프트 활용 실력이 금방 좋아질 거예요.

### 3분만요! 누나IT의 3분 영상 강의

누나IT 유튜브 채널에서 영상 **<구글 역대급 무료 툴 공개! 목소리로 이미지 편집 가능 | 나노바나나>**를 시청하고 나노바나나의 기능을 한 번 더 익혀보세요.

QR 코드 인식이 어렵다면 유튜브 검색 창에 누나IT 나노바나나를 검색하세요.

### 정리해볼까요?

- 나노바나나, 즉 제미나이 2.5 플래시 이미지는 이미지 생성 속도가 빠르고 캐릭터의 얼굴이나 사물의 속성을 일관적으로 유지하면서 원하는 이미지를 만들어줍니다.
- 제미나이 앱에서 음성이나 텍스트 프롬프트만으로 이미지를 생성하고 편집할 수 있습니다. 이미지 여러 장을 합성하는 것도 가능해서 평소 입어보고 싶던 옷이나 장신구를 내 사진에 입혀보고 스타일을 확인할 수 있습니다.
- 제미나이 대화 창에서 이미지를 만들 때 참고할 만한 프롬프트를 추천해달라고 요청하면 바로 써먹을 수 있는 다양한 프롬프트 예시를 알려줍니다.

# 5장

## 챗GPT로 콘텐츠 만들어 활용하기

# 원하는 스타일로 경조사 문구 작성하고 메시지를 보내자

**시작해볼까요?**

경조사 메시지를 종종 주고받게 되는데 격식을 갖춘 인사말을 작성하거나 친근하고 위트 있는 글을 쓰는 게 생각보다 쉽지 않을 거예요. 챗GPT를 이용하면 이런 고민을 바로 해결할 수 있습니다. 받은 메시지에 답장을 쓰거나 경조사를 주변에 알리는 문구를 작성해볼게요.

### 결혼식 축하 인사말 전달하기

최근에는 청첩장이나 부고장을 문자나 카카오톡 메시지로 보내는 경우가 많아졌습니다. 가까운 친구나 지인에게 보내는 인사말과 예의를 지켜야 하는 사이에 전달하는 인사말이 다르므로 챗GPT의 도움을 받아서 인사말을 작성해보겠습니다.

카카오톡으로 다음과 같은 결혼식 초대 메시지를 받았습니다. 챗GPT로 친근하거나 정중한 스타일의 답장을 써보고 마음에 드는 답변을 골라 답장을 보낼게요.

> 저희 아들과 며느리가 사랑과 믿음으로 한 가정을 이루고자 합니다.
>
> 소중한 분들을 모시고 두 사람이 평생을 함께할 것을 약속하는 자리를 마련하였습니다. 참석하셔서 두 사람의 앞날을 함께 축복해주시기 바랍니다.
>
> 홍길동 올림

카카오톡의 받은 메시지를 꾹 누르면 팝업 메뉴가 나타나는데, [복사]를 누르세요.

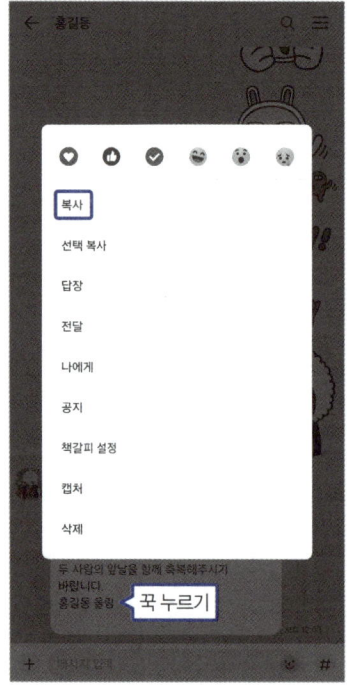

챗GPT 앱을 켜고 복사한 메시지를 붙여 넣은 후 다음과 같이 입력합니다.

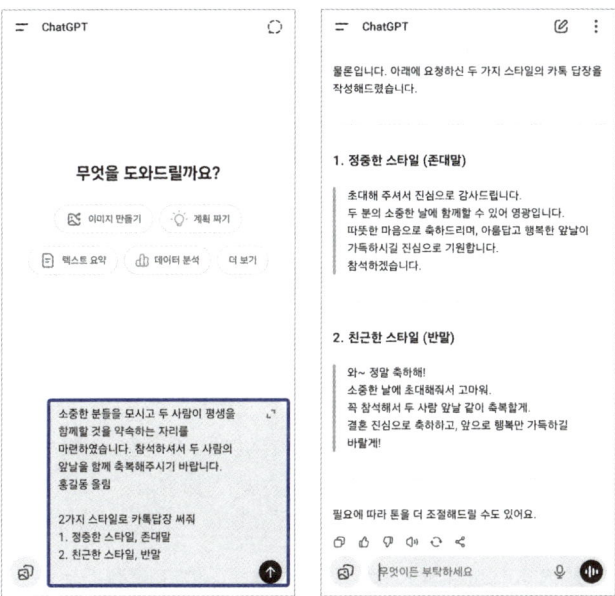

챗GPT가 두 가지 답변을 생성해서 보여줍니다. 여기서는 정중한 스타일을 선택해 답장으로 보내겠습니다.

챗GPT의 답변 부분을 손가락으로 꾹 누르면 팝업 메뉴가 나타나는데 [텍스트 선택]을 누르세요. 정중한 스타일의 답변 부분을 손가락으로 누르면서 드래그하면 문구 전체를 블록 표시(선택)할 수 있습니다. [복사]를 누르세요.

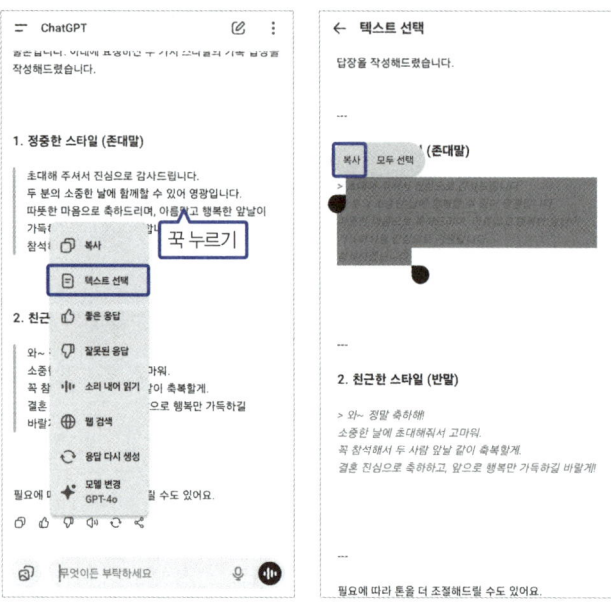

TIP [복사]를 누르면 챗GPT의 전체 답변이 모두 복사되므로 원하는 부분만 선택하여 복사할 때는 [텍스트 선택] 메뉴를 이용합니다.

이제 카카오톡 대화로 다시 돌아갑니다. 챗GPT에서 복사한 답장을 메시지 입력란에 붙여 넣고 보내기를 누릅니다. 정중한 스타일로 작성한 결혼식 초대에 대한 답장을 전달했습니다.

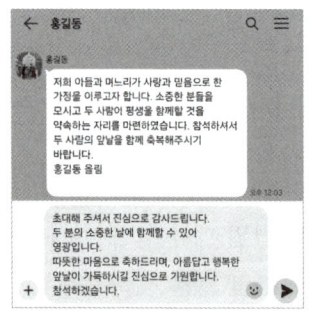 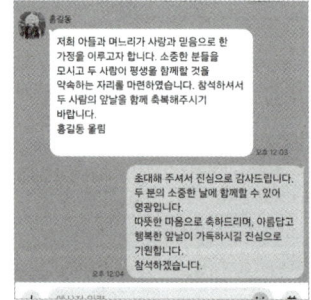

## 장례식 위로 인사말 전달하기

장례식 부고 소식에 보낼 답장도 작성해볼게요. 챗GPT에 받은 부고 문자 메시지와 원하는 답장 스타일을 지정해줍니다. 챗GPT 프롬프트 입력 창에 다음과 같이 프롬프트를 입력합니다.

안타까운 소식을 전하게 되어 마음이 무겁습니다. 저의 아버님께서 별세하셨습니다.
빈소는 길동병원 장례식장 1호실이며 발인은 10월 18일입니다.
삼가 고인의 명복을 빌어주시면 감사하겠습니다.

회사 동료의 아버지가 돌아가셔서 부고 문자를 받았어. 답장을 쓰려고 하는데 다음 스타일로 써줘
1. 따뜻한 위로의 답장
2. 회사 동료에게 보내는 격식 있는 답장

다음과 같이 두 가지 스타일의 답장을 준비했습니다. 상황에 맞게 선택하시면 좋겠습니다.

**1. 따뜻한 위로의 답장**
"슬픈 소식을 접하게 되어 마음이 너무 아픕니다. 큰 슬픔 중에도 부디 마음을 잘 추스르시길 바라며, 고인의 명복을 깊이 빕니다."

**2. 회사 동료에게 보내는 격식 있는 답장**
"아버님 별세 소식을 접하고 깊은 애도를 표합니다. 고인의 영면을 기원하며, 유가족분들께도 위로의 마음을 전합니다."

> **TIP** 더 간단히 답장을 작성하려면 상대방이 누구인지 등을 간단히 설명한 후 답장을 써달라고 요청해보세요. 원하는 스타일을 추가하면 더 마음에 드는 답장을 작성해줍니다.

부고 문자에 대한 답장이 두 가지 스타일로 작성되었습니다.

두 스타일의 답장을 조합해서 문구를 만들어보고 싶어요. 챗GPT에게 문구를 다시 써달라고 요청하겠습니다. 프롬프트 입력 창에 다음과 같이 프롬프트를 입력합니다.

2번 스타일에 1번을 추가해서 다시 작성해줘

 네, 두 스타일을 조합해서 격식 있으면서도 따뜻한 위로가 담긴 답장을 아래처럼 정리해드렸습니다.

**답장 예시**
"아버님 별세 소식을 접하고 깊은 애도를 표합니다. 큰 슬픔 속에서도 부디 마음을 잘 추스르시길 바라며, 고인의 명복을 깊이 빕니다."

TIP 데스크톱 사용 시 답장이 마음에 든다면 해당 부분을 드래그한 후 Ctrl + C 를 눌러 복사하고, PC 카카오톡 대화 창에서 Ctrl + V 를 눌러 붙여넣기합니다.

> **답장 예시** 　　　99 ChatGPT에게 묻기
> "아버님 별세 소식을 접하고 깊은 애도를 표합니다. 큰 슬픔 속에서도 부디 마음을 잘 추스르시길 바라며, 고인의 명복을 깊이 빕니다."

### 💬 챗GPT와의 대화 확인하기

 챗GPT에게 **<부고 문자에 대한 답장을 정중한 스타일과 친근한 스타일로 작성해달라>**고 요청했습니다.
자세한 대화 내용은 QR 코드를 스캔하여 확인해보세요.

## 돌잔치 초대 문구 작성하기

챗GPT로 경조사 안내에 대한 답장을 써보았다면 이번에는 가족의 돌잔치 초대 문구를 작성해볼게요.

챗GPT 사이트에서 새 채팅을 열고 프롬프트 입력 창에 다음과 같이 프롬프트를 입력합니다.

돌잔치 초대 메시지 2가지 스타일로 작성해줘.
아이 이름은 홍길동이야.
**날짜**: 2025년 10월4일 토요일
**장소**: 강남역 스타디움
**시간**: 오후2시

1. 위트 있는 스타일
2. 정중한 스타일

 물론입니다! 아래는 요청하신 돌잔치 초대 메시지를 두 가지 스타일로 작성한 예시입니다.
아이 이름은 **홍길동**, 날짜는 **2025년 10월 4일 토요일**, 장소는 **강남역 스타디움**, 시간은 **오후 2시**입니다.

**1. 위트있는 스타일**
어느덧 걷기 시작한 홍길동!
태어난 게 엊그제 같은데 벌써 첫 생일이라니요.
이제 '돌'도 굴릴 줄 아는(?) 우리 길동이의 생일을 함께 축하해 주세요!

2025년 10월 4일 토요일 오후 2시
강남역 스타디움

케이크보다 더 달콤한 길동이의 미소, 직접 보러 와주실 거죠?
웃음 가득한 하루, 함께해 주시면 큰 기쁨이 될 거예요!
오실 거죠? 약속~

**2. 정중한 스타일**
안녕하십니까.
저희 아이 홍길동이 어느덧 첫돌을 맞이하게 되었습니다.
건강하게 자라준 길동이를 축하하고자, 조촐한 자리를 마련하였습니다.
바쁘시겠지만 참석하시어 따뜻한 축복과 자리를 빛내주시면 감사하겠습니다.

일시: 2025년 10월 4일(토) 오후 2시
장소: 강남역 스타디움

두 가지 스타일로 돌잔치 초대 문구가 작성되었어요. 두 가지 스타일 외에 다른 스타일로도 돌잔치 초대 문구를 작성하고 싶다면 다른 스타일도 보여달라고 요청하면 됩니다.

프롬프트 입력 창에 다음과 같이 프롬프트를 입력합니다.

다양한 스타일을 보여줘

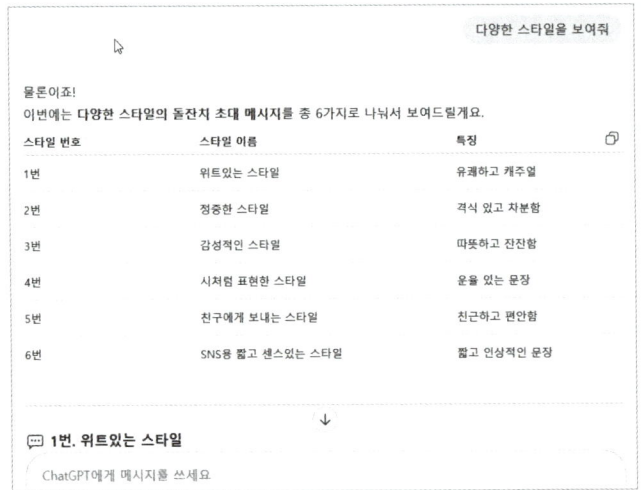

메시지 작성을 요청할 때 참고할 수 있는 스타일을 추가로 여섯 가지 더 안내해줍니다. 이어지는 표 내용과 같이 말이죠. 원하는 스타일의 특징을 확인하고 다양한 메시지를 작성해보세요.

| 스타일 번호 | 스타일 이름 | 특징 |
| --- | --- | --- |
| 1번 | 위트있는 스타일 | 유쾌하고 캐주얼 |
| 2번 | 정중한 스타일 | 격식 있고 차분함 |
| 3번 | 감성적인 스타일 | 따뜻하고 잔잔함 |
| 4번 | 시처럼 표현한 스타일 | 운율 있는 문장 |

| 5번 | 친구에게 보내는 스타일 | 친근하고 편안함 |
| --- | --- | --- |
| 6번 | SNS용 짧고 센스있는 스타일 | 짧고 인상적인 문장 |

## 🚀 조금 더 가볼까요? 다양한 스타일을 적용한 돌잔치 초대 메시지 살펴보기

다양한 스타일을 적용해 작성한 돌잔치 초대 메시지를 참고해보세요.

### 1번. 위트있는 스타일

긴급 속보!
2025년 10월 4일 토요일 오후 2시,
강남역 스타디움에서 벌어질 초특급 이벤트!
주인공은? 바로 홍길동!
기저귀 졸업은 아직이지만,
돌잡이만큼은 진지하게 임한다고 합니다.
길동이의 첫 생일을
웃음 가득한 파티로 함께 채워주세요!
(드레스코드는 '미소'입니다!)

### 2번. 정중한 스타일

안녕하십니까.
저희 아이 홍길동이
여러분의 사랑과 응원 덕분에
무사히 첫돌을 맞이하였습니다.
이에 조촐한 자리를 마련하였사오니
바쁘시더라도 참석하시어 축복해주시면 감사하겠습니다.
- 2025년 10월 4일(토) 오후 2시
- 강남역 스타디움

홍길동 부모 배상

### 3번. 감성적인 스타일

어느덧,
작은 손으로 저희 품을 잡던 아이가
첫돌을 맞이하게 되었습니다.
그동안 함께해 주신 따뜻한 마음에 감사드리며,
조심스럽게 초대의 인사를 드립니다.
- 2025년 10월 4일(토) 오후 2시
- 강남역 스타디움

소중한 분들과 함께 웃고 싶은 날입니다.
함께해주세요.

### 4번. 시처럼 표현한 스타일

열두 달,
작은 발걸음이 하나씩 커졌습니다.
천천히, 그리고 환하게 웃으며
우리 홍길동이가
첫 번째 생일을 맞이했습니다.
- 10월 4일 토요일 오후 2시
- 강남역 스타디움

당신의 따뜻한 눈웃음으로
이 날을 함께 밝혀주세요.

### 5번. 친구에게 보내는 스타일

야~! 드디어 우리 아들 길동이
첫돌이야!!
2025년 10월 4일 토요일 오후 2시
강남역 스타디움에서
잔치 열 거니까 꼭 와줘!

길동이 돌잡이 구경도 하고~

사진도 같이 찍자~

오면 너 진짜 최고!

### 6번. SNS용 짧고 센스있는 스타일

길동이 돌잔치 OPEN

울고 웃으며 365일 완주!

강남역 스타디움

10/4(토) 오후 2시

축하하러 와주실 거죠?

#홍길동첫돌 #돌잔치초대 #강남역스타디움

### 챗GPT와의 대화 확인하기

챗GPT에게 **<다양한 스타일로 돌잔치 초대 문구>**를 만들어달라고 요청했습니다.

자세한 대화 내용은 QR 코드를 스캔하여 확인해보세요.

### 정리해볼까요?

- 스마트폰에서 챗GPT가 답변해준 텍스트를 복사하려면 답변 부분을 손가락으로 꾹 눌러 팝업 메뉴를 표시합니다. [복사]를 누르면 챗GPT의 전체 답변이 모두 복사되고, [텍스트 선택]을 누르면 원하는 부분만 드래그로 선택한 후 복사할 수 있습니다.
- 작성할 메시지에 포함될 구체적인 내용을 정리하고 작성하고 싶은 메시지의 스타일을 정해보세요. 원하는 메시지를 단숨에 작성할 수 있어요.

# 구독자가 좋아할 만한 쇼츠 대본 만들고 제목을 지어보자

**시작해볼까요?**

유튜브 영상의 주제를 미리 정해두었다고 해도 영상의 길이만큼 대본을 쓰고 수정하는 일은 매우 번거로운 작업입니다. 챗GPT에게 구독자가 좋아할 만한 쇼츠 대본을 써달라고 요청한 후 원하는 방식으로 수정하면서 대본을 완성해볼게요.

## 내가 만들고 싶은 쇼츠 스타일 정하기

유튜브에 올릴 1분짜리 쇼츠를 만들려고 합니다. 주제는 50대, 60대를 위한 노화방지 노하우로 정했습니다. 1분 안에 노화방지 노하우 세 가지를 전달할 수 있도록 챗GPT로 대본을 만들고, 쇼츠 앞부분을 시청할 때 흥미를 느낄 수 있도록 시청자를 후킹할 수 있는 내용도 추가해보겠습니다.

> **TIP** 유튜브 쇼츠 영상을 만들 때는 우선 만들고 싶은 영상의 주제와 길이를 정해보세요. 어떤 내용을 포함할 것인가를 구체적으로 정해두면 원하는 스타일의 대본을 작성하기가 더 쉽습니다.

## 쇼츠 대본 만들고 수정하기

챗GPT 사이트에서 쇼츠 대본을 만들어볼게요. 웹브라우저 주소 창에 chatgpt.com을 입력합니다.

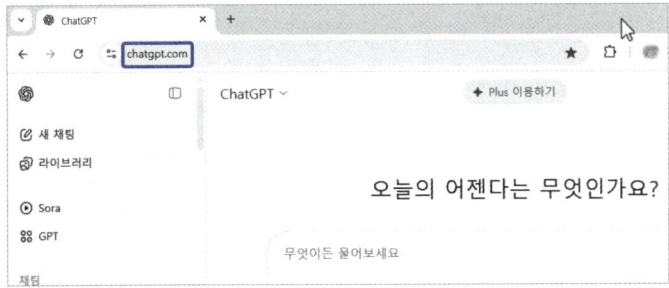

프롬프트 입력 창에 다음과 같이 프롬프트를 입력합니다.

50대 60대를 위한 노화방지 3가지 방법에 대해 1분 쇼츠 대본 만들어줘

물론이죠! 50대, 60대를 위한 노화방지 1분 유튜브 쇼츠 대본을 아래에 쉽게 만들어 드렸어요.
부드러운 말투와 쉬운 단어로 구성했으며, 핵심 3가지를 중심으로 구성했습니다.

[오프닝 – 0~5초]
(밝은 표정, 손 인사하며)
"50대, 60대에 노화 걱정 많으시죠?
오늘은 노화 늦추는 3가지 꿀팁 알려드릴게요!"

[1. 음식 – 5~20초]
"첫 번째, 잘 먹기!
채소, 과일, 견과류!
특히 브로콜리, 아보카도, 호두 자주 드세요.
피부와 뇌에 정말 좋아요~!"

(생략)

쇼츠 내 분량과 동작 표현 등이 대본에 표시되어 있습니다. 대본만 보여주는 방식으로 수정해볼게요.

프롬프트 입력 창에 다음과 같이 프롬프트를 입력합니다.

 소제목과 이모티콘은 필요 없고 꼭 대본으로만 만들어줘

알겠습니다! 다른 설명 없이, 1분 쇼츠용 대본만 아래에 드릴게요.
50대, 60대를 위한 노화방지 3가지 방법을 쉽게 전달하는 대본입니다.

**1분 쇼츠 대본 (노화방지 3가지 방법)**
안녕하세요!
50대, 60대 여러분~
노화, 걱정되시죠?

오늘은 노화를 늦추는 3가지 방법 알려드릴게요!

첫째, 음식입니다.
채소, 과일, 견과류, 특히
브로콜리, 아보카도, 호두를 자주 드세요.
피부도 맑아지고 뇌 건강에도 좋아요!

둘째, 걷기 운동입니다.
하루에 30분만 걸어도
관절, 심장, 머리까지 건강해져요.
계단 대신 걷기, 엘리베이터 대신 계단!
이런 습관이 젊음을 지켜줍니다.

셋째, 숙면입니다.

(생략)

1분짜리 쇼츠를 찍을 때 사용할 수 있는 대본이 완성되었습니다.

## 챗GPT가 써준 대본에 후킹 추가하기

챗GPT로 쓴 대본을 읽어보니 도입 부분이 밋밋해서 재미가 없습니다. 구독자가 좋아할 만한 쇼츠 대본으로 수정하기 위해 앞부분에 10초 정도 시선을 잡아끄는 후킹 대본을 추가해달라고 요청해보겠습니다.

쇼츠 대본을 작성했던 프롬프트 입력 창에 이어서 다음과 같이 프롬프트를 입력합니다.

 앞에 5초 시선을 끄는 후킹 대본으로 수정해줘

**1분 쇼츠 대본 (후킹 포함 – 노화방지 3가지 방법)**
혹시 이런 생각 해보셨나요?
"내 얼굴 왜 이렇게 늙어 보이지?"
"요즘 자꾸 깜빡깜빡해…"
걱정 마세요!
노화를 늦추는 방법, 딱 3가지만 알려드릴게요!

첫째, 음식입니다.
채소, 과일, 견과류, 특히
브로콜리, 아보카도, 호두를 자주 드세요.
피부도 맑아지고 뇌 건강에도 좋아요!

둘째, 걷기 운동입니다.
하루에 30분만 걸어도
관절, 심장, 머리까지 건강해져요.
계단 대신 걷기, 엘리베이터 대신 계단!
이런 습관이 젊음을 지켜줍니다!

(생략)

"내 얼굴 왜 이렇게 늙어 보이지?", "요즘 자꾸 깜빡깜빡해…"와 같은 후킹 문장이 추가된 대본이 완성되었어요.

💬 **챗GPT와의 대화 확인하기**

 챗GPT에게 **<1분 쇼츠 대본을 만들어달라>**고 요청했습니다.
자세한 대화 내용은 QR 코드를 스캔하여 확인해보세요.

## 조회수 높은 영상 참고해서 쇼츠 제목 만들기

쇼츠 대본으로 영상을 찍은 후 유튜브에 올리려면 눈에 띄면서도 조회수 상승을 노려볼 만한 제목이 필요해요. 챗GPT로 노화방지 쇼츠의 제목을 만들어보겠습니다.

쇼츠 대본을 작성했던 프롬프트 입력 창에 이어서 다음과 같이 프롬프트를 입력합니다.

 위의 대본으로 1분 쇼츠를 만들려고 해. 시청자들의 눈에 띄고 조회수를 높일 수 있는 제목을 10개 추천해 만들어줘.

1. "요즘 왜 이렇게 늙어 보이지?"...이 3가지만 해보세요!
2. 10년 젊어지는 법? 딱 1분 만에 알려드릴게요!
3. 주름, 깜빡임, 노화... 이 3가지로 해결됩니다!
4. 늙는 게 무섭다면 이 영상은 꼭 보세요
5. 노화가 걱정된다면 오늘부터 이거 하세요!
6. 30대 후반부터 급격히 늙는 이유 (해결법 포함)
7. 피부+뇌+몸을 동시에 젊게 만드는 3가지 루틴
8. 이 음식+운동+수면만 챙기면 10년 젊어진다?!
9. "이 3가지를 실천했더니 40대인데 20대로 보여요"
10. 하루 1분! 동안 유지하는 습관 BEST 3

챗GPT로 만든 제목이 너무 평이해서 눈에 띌 것 같지 않습니다. 그동안 만들었던 제목 중 시청자의 반응이 좋았거나 인기 있는 유튜브 쇼츠 영상의 제목을 참고해서 노화방지 쇼츠 제목을 수정해보겠습니다.

쇼츠 대본을 작성했던 프롬프트 입력 창에 이어서 다음과 같이 프롬프트를 입력합니다.

- 역대급 전쟁? 삼성이 갤럭시 폴드 슬림을 갑자기 출시하는 진짜 이유
- 지금 휴대폰에 이거 꺼져 있으면 계속 손해 보는 겁니다!! 갤럭시 휴대폰이면 제발 켜두세요!!
- 너무 쉬운 스마트폰으로 외국어 번역하는 방법 꿀팁
- 누구든 쉽게 휴대폰으로 쉽고 빠른길찾기 네이버 지도 모르면 나만 손해
- 문서 핸드폰 카메라로 촬영하지마세요! 이렇게 하시면 그림자없이 선명하게 저장됩니다!
- 새로운 갤럭시 Z 폴드6&플립6 첫 인상! 실물이 이렇게 깡패일 줄이야..
- 내 카톡 프로필 훔쳐봤는지 알아내는 방법? 하루에 몇명이나 내 프로필을 볼까?
- 와이파이 비밀번호 몰라도 '이렇게' 하세요! 바로 연결됩니다!!
- 스마트폰 사진을 컴퓨터로 옮기는 가장 쉬운 방법 3가지

위 제목은 조회수가 높은 제목들이야. 이 제목들을 참고해서 조회수를 높이고 눈에 띌 수 있도록 아까 제안한 노화방지 쇼츠 제목을 다시 수정해줘.

좋습니다! 제시하신 조회수 높은 제목 스타일을 분석해 보면 다음과 같은 특징이 있었습니다:
- 의문형+후킹: "역대급?", "진짜 이유는?"
- 강조형 문장: "이거 꺼져 있으면 손해봅니다!!"
- 쉬움 강조: "너무 쉬운~", "누구든 쉽게~"
- 일상 활용 팁: "이렇게 하시면~", "몰라도 '이렇게' 하세요!"
- 개인 호기심 유도: "내 프로필 훔쳐봤는지?", "몇명이나 볼까?"
- 숏한 문장과 느낌표 활용

이걸 바탕으로 기존의 노화방지 대본에 어울리게, 눈에 띄고 클릭을 유도할 수 있는 제목 10개를 다시 작성해드릴게요:

1. 얼굴 늙어 보인다면 지금 당장 이 3가지만 하세요!
2. 요즘 깜빡깜빡한다면 '이걸' 안 해서 그렇습니다!!
3. 노화 늦추는 법? 이렇게 쉬운데 안 하고 있었습니다…
4. 주름, 기억력 저하… 이 3가지 습관으로 싹 잡아드립니다!
5. 피부 탱탱! 머리 맑음! 하루 1분으로 10년 젊게 사는 법
6. 계단, 브로콜리, 숙면? 이 3개가 동안 비결입니다!
7. 누구든 10년 젊어지는 3가지 습관 (진짜 쉬움)
8. 동안들만 실천하는 비밀 루틴, 지금 공개합니다!
9. 노화가 시작됐다면 이 영상은 꼭 보셔야 합니다!
10. 이것만 실천해도 동안 소리 듣는 사람들 특징

(생략)

시청자를 후킹하고 궁금증을 유발할 수 있는 제목으로 수정되었습니다. 이 중 가장 마음에 드는 제목을 골라 노화방지 쇼츠의 제목으로 사용할 수 있어요.

### 챗GPT와의 대화 확인하기

챗GPT에게 <시청자의 궁금증을 유발할 수 있는 제목>을 만들어달라고 요청했습니다.
자세한 대화 내용은 QR 코드를 스캔하여 확인해보세요.

노화방지 1분 쇼츠의 대본과 제목을 만들어봤습니다. 챗GPT로 만든 대본과 제목을 어떻게 실제 영상에 활용했는지 살펴보세요.

### ⏳ 1분만요! 누나IT의 1분 영상 강의

누나IT 유튜브 채널에서 1분 쇼츠를 시청하고 <노화 방지 쇼츠 만들기> 실습을 한 번 더 익혀보세요.
QR 코드 인식이 어렵다면 유튜브 검색 창에 누나IT 노화 방지 쇼츠를 검색하세요.

 **정리해볼까요?**

- 쇼츠 대본을 작성할 때는 내가 만들고 싶은 영상의 주제와 스타일을 먼저 정하는 것이 좋습니다. 대본이 완성되었다고 해도 마음에 들지 않는 부분이 있다면 수정할 부분을 명확하게 정리하여 요청합니다. 챗GPT에게 원하는 스타일을 구체적으로 알려주고 작업을 지시하세요.
- 쇼츠 제목을 만들 때 참고할 만한 자료나 제목 스타일이 있다면 챗GPT에게 알려주고 비슷한 형태의 제목으로 수정해달라고 요청합니다.

# 친절한 챗GPT 선생님과 영어를 공부하자

 **시작해볼까요?**

여행 가서 말 한마디는 해야 하는데, 입이 잘 떨어지지 않을 때가 있죠. 이런 고민이 있다면 챗GPT와 실전 영어 회화를 연습해보세요. 챗GPT가 친절한 선생님이 되어 발음, 문장 반복, 실전 대화까지 차근차근 도와줍니다. 자주 연습해보면 실제로 써먹을 수 있는 영어 실력이 쌓입니다.

## 진짜 유용해요! 고급 음성 모드로 영어 회화 연습하기

영어 공부의 꽃은 회화입니다. 챗GPT를 활용하면 외국인과 실제로 대화하는 상황을 만들 수 있고 대화를 진행할 수 있습니다. 앞서 '음성 모드'로 챗GPT와 쉽게 대화하는 방법을 배웠습니다.

056쪽 챗GPT와 음성으로 대화하자

음성 모드를 켜면 말하기 연습을 더욱 실감나게 진행할 수 있습니다. 실제 상황처럼 영어로 대화를 이어 나가며 회화를 연습해봅니다. 내 발음이 좋은지, 고쳐야 할 곳은 없는지, 진짜 선생님에게 물어보듯이 대화합니다.

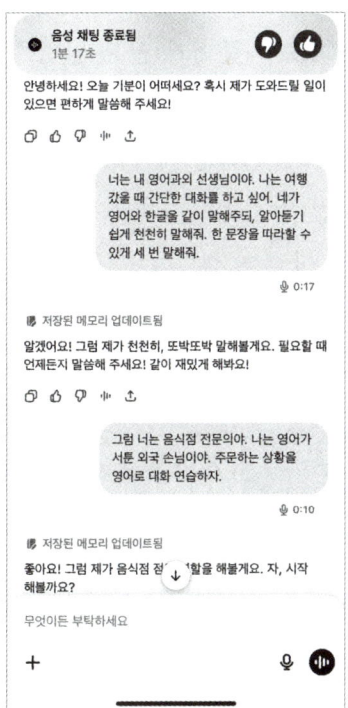

**[유용하게 쓰이는 영어 공부 질문법]**

 한 문장을 천천히 세 번 말해줘.

 영어와 한글을 같이 말해줘.

 내가 따라 말할 수 있게 천천히 말해줘.

 내 발음을 들어보고 피드백해줘.

 영어로 말한 뒤에 그 의미를 한글로 다시 알려줘.

이렇게 챗GPT와의 영어 회화 공부는 정말 쉽고 친절합니다. 내가 아무리 여러 번 물어봐도 짜증내지 않고 알려주죠. 역할과 상황을 설정하고, 질문을 이어갑니다. 이때 원하는 학습 조건(영어 공부 질문법)을 추가하면 훨씬 더 효과적으로 학습할 수 있습니다.

 **개인 맞춤 설정에서 영어 공부법 설정하기**

앞서 더 나은 답변을 받기 위한 방법으로 '개인 맞춤 설정'을 익혀보았던 것을 기억하시나요?

🔍 073쪽 개인 맞춤 설정하기

이 기능을 챗GPT와의 영어 공부에서도 유용하게 활용할 수 있습니다. [맞춤 설정]에서 'ChatGPT가 어떻게 응답했으면 하시나요?' 항목에 상황과 조건을 입력합니다. 그러면 여러 번 요청하지 않아도 챗GPT가 알아서 영어 공부에 적합한 답변을 내놓습니다.

그러나 여기서 주의해야 할 사항이 있습니다. [맞춤 설정]에서 영어 공부 조건을 넣으면, 영어 회화 연습을 할 때는 매우 편리합니다. 그러나 이렇게 설정하면 영어 공부가 아닌 다른 질문을 할 때도 같은 조건이 적용되어 버립니다.

예를 들어, 역사나 요리법을 물어봐도 영어로만 대답하거나 중요한 문장을 세 번 말하는 등 오류가 있을 수 있습니다. 따라서 영어 공부용 맞춤 설정을 해두었다면, 평상시에는 잠시 꺼두거나 내용을 바꿔주세요.

## 상황을 설정해요

여행지에서 써먹을 수 있는 영어를 챗GPT와 함께 연습해보겠습니다. 여행지에서는 자주 쓰는 표현들과 상황이 있습니다. 즉, 음식점, 공항, 쇼핑, 호텔 등 다양한 상황을 설정하여 여러 차례 연습해보면 실제로 자신감 있게 영어를 써먹을 수 있어요.

여행지, 음식점에서 주문하는 상황을 예로 들어 연습해볼게요. 먼저 챗GPT에게 다음과 같이 요청해봅니다.

 너는 지금 음식점 점원이야. 나는 외국 여행 중인 손님이야. 음식을 주문하는 상황을 연습하고 싶어.

 너는 내 영어 선생님이고 나는 여행 준비 중이야. 음식점에 간 상황으로 대화 연습을 해보자.

이렇게 챗GPT에게 상황과 역할을 정해주면 챗GPT는 상황을 파악한 후 어떻게 진행하면 좋을지 확인합니다.

 **답변을 한국어나 영어로 받는 방법**

챗GPT 앱의 [설정]에서 [앱 언어]를 [한국어]로 설정하면 대답을 한국어로 보여줍니다. 즉, "영어로 대화 연습하자!"고 해도 챗GPT는 한국어로 답할 가능성이 높아요. 이때는 **'영어로 대답해달라'고 요청**해보세요. 더 정확하게는 **'지금부터는 영어로만 대답해줘. 한국어는 안 써도 돼'라고 조건을 명확하게 전달**합니다. 챗GPT가 말하는 해석을 알고 싶다면 '영어로 말하고 한국어로 설명해줘'라고 요청해보세요. 영어 학습이 더욱 쉬워집니다.

## 질문하고 답을 해요

챗GPT와의 대화는 실제처럼 진행됩니다. 음식점에서 커피를 주문하는 상황의 대화를 시작해봅니다.

> **TIP** 영어 공부이니 한국어보다는 영어로 입력하는 게 훨씬 좋겠죠? 실제로 여행지에서 할 수 있는 말을 편하게 입력해보세요. 음성으로 대화해도 좋습니다.

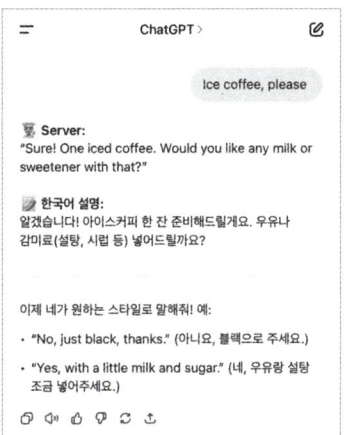

챗GPT와 영어 공부를 할 때 중요한 것은 내가 필요한 방식을 구체적으로 말해야 합니다. 특히 내 영어에서 고쳐야 할 게 있는지 물어보는 것은 아주 중요하죠.

이런 요청을 하면 챗GPT는 실제 영어 선생님처럼 무엇이 틀렸는지 문법과 함께 사용하면 좋은 어휘를 제안해줍니다. 영어 공부가 훨씬 쉬워지겠죠?

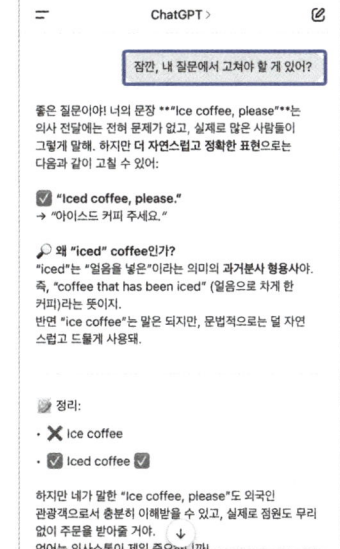

**정리해볼까요?**

- 챗GPT는 언제든 대화를 기다리는 친절한 영어 선생님입니다. 역할과 상황을 설정하고 대화를 해보세요.
- 학습이 필요한 문장이 있다면 '세 번 반복해서 말해줘'처럼 교정하며 학습합니다.
- 음성 모드를 사용하면 발음에 대한 피드백도 받을 수 있어 매우 효과적입니다.

# 6장

# 챗GPT로
# 데이터 정리하고
# 업무 문서 만들기

# 보고서 형식 알아보고 PDF를 슬라이드 형식으로 정리하자

 **시작해볼까요?** 실습 파일 6장/챗GPT 활용방법 및 주의사항 안내(배포).pdf

보고서나 프레젠테이션 문서를 만들고 제출하는 것은 직장인의 주요 업무 중 하나입니다. 업무에 바로 쓸 수 있는 보고서 형식을 알아보고 PDF 파일 자료를 발표용 슬라이드 형식으로 변경해볼게요. 챗GPT를 활용하면 빠르게 보고서를 만들 수 있어요.

## 보고서 형식 알아보고 내 업무에 적합한 형식으로 변경하기

업무 보고서를 제출해야 하는데 어떤 형식으로 작성해야 할지 막막할 때가 있습니다. 챗GPT를 활용해 보고서 형식부터 알아보고 업무를 진행해볼게요.

새 채팅을 열고 다음과 같이 프롬프트를 입력합니다.

 보고서를 만들려고 하는데 어떤 형식으로 만들어야 해

>
> 보고서를 만들 때는 보고서의 목적과 누가 읽을지(대상자)에 따라 형식이 달라질 수 있어요. 하지만 기본적인 보고서 형식은 대부분 비슷하기 때문에, 아래와 같은 틀을 따라 만들면 좋아요:
>
> **기본적인 보고서 형식**
>
> 1. **표지 (첫 장)**
>    - 보고서 제목
>    - 작성자 이름
>    - 작성일자
> 2. **목차 (선택 사항)**
>    - 보고서가 길거나 여러 주제로 나뉘면 목차를 넣어줘요.
> 3. **요약 (선택 사항)**
>    - 보고서 내용을 짧게 정리한 부분
>    - 바쁜 사람들이 전체를 읽지 않아도 핵심을 알 수 있게 해줘요.
> 4. **본론 (가장 중요해요!)**
>    - 1. 배경 또는 문제 상황 설명
>    - 2. 조사나 분석한 내용
>    - 3. 결과나 결론
>    - 4. 제안 또는 해결 방법 (필요한 경우)
> 5. **결론**
>    - 핵심 요약, 느낀 점, 또는 향후 계획 등
> 6. **참고자료 (출처나 참고한 책, 웹사이트가 있으면)**
> 7. **부록 (필요한 자료, 통계, 사진 등을 따로 정리)**

기본적인 보고서 형식을 살펴보니 업무 보고에 필요하지 않은 부분이 눈에 띕니다. 표지 첫 장이나 목차, 참고 자료, 부록 등 불필요한 부분을 빼고 다시 만들어달라고 요청해볼게요.

다음과 같이 프롬프트를 입력합니다. 챗GPT의 답변을 확인해보세요.

1, 2, 6, 7번 빼고 다시 작성해줘

물론이에요! 1, 2, 6, 7번(표지, 목차, 참고자료, 부록)을 제외하고, 핵심 내용만 들어간 보고서 형식으로 다시 정리해드릴게요.

**간단하고 실용적인 보고서 형식 (핵심 중심)**

**1. 요약**
보고서 전체 내용을 짧고 쉽게 정리합니다.
누가 읽어도 한눈에 이해할 수 있도록 5~6줄 정도로 써 주세요.

**2. 본론**
- 배경 또는 문제 상황
  왜 이 보고서를 쓰게 되었는지, 어떤 상황에서 필요하게 되었는지 설명합니다.
  예:
  - 50대 이상 대상자들이 유튜브를 어려워함
  - 챗GPT 활용 교육 요청이 증가함 등
- 진행 내용 또는 활동 내용
  어떤 일을 했는지 구체적으로 씁니다.
  예:
  - 몇 명이 참여했고
  - 어떤 주제로
  - 어떤 방식(강의, 실습 등)으로 진행했는지
- 결과 및 반응
  참여자들의 반응, 설문 결과, 수치(몇 % 만족 등), 실제 변화(채널 개설 수 등)를 정리합니다.
- 문제점 또는 개선할 점
  이번 활동에서 부족했던 점, 다음에 보완하면 좋을 점 등을 솔직하게 적습니다.

**3. 결론**
이번 활동이나 보고서의 핵심 요약을 다시 정리하고,
앞으로의 계획이나 제안하고 싶은 점을 간단히 정리합니다.

핵심만 표시하는 간단하고 실용적인 보고서 양식이 정리되었습니다. 이 형식으로 보고서를 만들거나 항목을 추가, 삭제하면서 보고서를 완성해보세요.

## 챗GPT로 PDF 자료 분석하고 슬라이드 형식으로 만들기

요약, 본론, 결론의 세 단계로 정리된 보고서 작성 방법을 기준으로, 갖고 있는 PDF 파일 자료를 슬라이드 형식으로 변경해보겠습니다.

여기서는 6장 실습 파일 **챗GPT 활용방법 및 주의사항 안내(배포).pdf**를 사용하여 자료를 분석한 후 보고서 형식으로 작성해볼게요.

TIP 공무원을 위한 '챗GPT 활용방법 및 주의사항 안내(배포).pdf'는 행정안전부 홈페이지 (https://www.mois.go.kr/frt/bbs/type010/commonSelectBoardArticle.do?bbsId=BBSMSTR_000000000008&nttId=100278)에서도 다운로드할 수 있습니다.

앞서 프롬프트를 입력했던 채팅 창에 이어서 작업합니다. 프롬프트 입력 창에서 파일 추가 및 기타⊕를 클릭하고 메뉴에서 [사진 및 파일 추가]를 선택합니다.

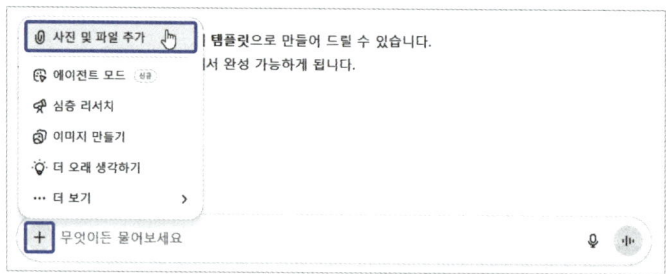

내 컴퓨터에서 미리 다운로드해둔 실습 파일을 찾아 선택한 후 [열기]를 클릭합니다.

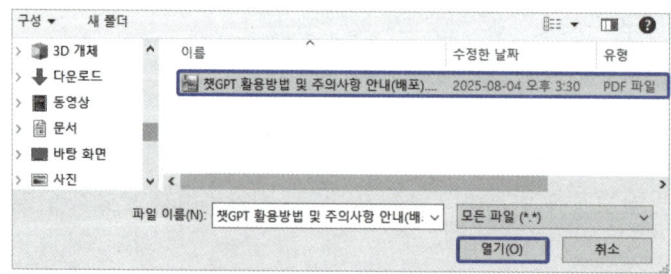

> **TIP** 내 컴퓨터에 활용할 만한 자료가 없다면 인터넷에서 자료를 찾아 보고서를 만들 때 써먹을 수 있어요.

🔍 인터넷에서 자료 파일을 찾고 다운로드하는 방법은 223쪽을 참고합니다.

챗GPT 프롬프트 입력 창에 파일을 업로드했다면 다음과 같이 프롬프트를 입력해보세요.

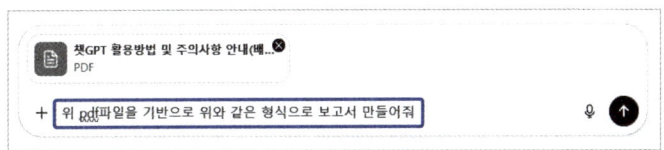

 위 pdf파일을 기반으로 위와 같은 형식으로 보고서 만들어줘

> 아래는 사용하신 PDF <챗GPT 활용방법 및 주의사항 안내> 자료를 바탕으로 작성한 간단한 보고서입니다. 불필요한 형식(표지, 목차, 참고자료, 부록)은 제외하고, 요청하신 형식만 요약 / 본론 / 결론 중심으로 정리해드렸습니다.
>
> ---
>
> **챗GPT 활용방법 및 주의사항 안내 보고서**
>
> **1. 요약**
> 본 보고서는 공공기관 등에서 챗GPT를 안전하고 효율적으로 사용할 수 있도록 하기 위한 안내 문서입니다. 챗GPT의 개요, 활용 가능한 분야와 활용예시, 그리고 사용 시 주의해야 할 점들을 중심으로 설명하고 있으며, 정보 보안 및 저작권 문제에 대한 경고도 포함되어 있습니다. 이 보고서를 통해 챗GPT를 활용하는 담당자들이 보다 신중하고 똑똑하게 사용할 수 있도록 돕는 것을 목표로 합니다.
>
> ---
>
> **2. 본론**
> 배경
> 인공지능 기술의 발전으로 챗GPT와 같은 초거대 언어모델이 일상과 업무에 빠르게 도입되고 있습니다. 그러니 활용에 앞서 정확한 정보와 주의사항을 이해하지 못하면 정보 유출, 저작권 침해, 부정확한 답변 활용 등의 문제가 발생할 수 있어, 관련 안내가 필요하게 되었습니다.
>
> (생략)

PDF 파일의 내용이 보고서 형식으로 정리된 것을 확인할 수 있습니다.

이제 보고서를 발표용 슬라이드 형식(파워포인트)으로 바꿔보겠습니다. 다음과 같이 프롬프트를 입력해보세요.

 위 보고서를 파워포인트 텍스트 형식으로 만들어줘

**슬라이드 1**
제목: 챗GPT 활용방법 및 주의사항 안내
본문:
공공 및 업무 환경에서의 챗GPT 활용을 위한 활용 사례와 주의사항을 정리한 안내 보고서

**슬라이드 2**
제목: 보고서 요약
본문:
- 챗GPT 활용 분야와 사례를 소개
- 업무에 유용하게 쓰이지만 주의사항도 많음
- 개인정보 및 비공개 정보 입력 금지
- 답변의 사실 여부 반드시 검토
- 올바른 활용법을 통해 효율적인 업무 가능

**슬라이드 3**
제목: 활용 배경
본문:
- 초거대 AI 기술의 빠른 확산
- 챗GPT 도입은 늘어나지만, 정확한 정보 부족
- 오남용 방지를 위한 사전 안내 필요

보고서를 슬라이드 형식으로 요약했습니다. 파워포인트 슬라이드에 이 텍스트를 옮겨 발표 자료를 만들 수 있습니다.

**챗GPT와의 대화 확인하기**

 챗GPT에게 **<보고서 형식을 알아보고 PDF 자료를 발표용>**으로 만들어달라고 요청했습니다.

자세한 대화 내용은 QR 코드를 스캔하여 확인해보세요.

---

 **인터넷에서 주제 검색하고 PDF 자료 다운로드하기**

업무 보고서를 제출하려면 자료를 먼저 정리해야 하는데, 갖고 있는 자료가 부족하거나 보고용 문서를 만드는 데 적합하지 않다면 추가 자료를 인터넷에서 찾아 활용할 수 있습니다.

**TIP** 인터넷에서 자료를 검색할 때는 정리가 잘 되어 있는 PDF 파일 위주로 찾아보세요. 보고서 형식으로 수정할 때 훨씬 편리합니다.

여기서는 챗GPT 활용방법에 대한 자료를 찾아보겠습니다. 구글 검색창에서 **챗GPT 활용방법 filetype:pdf**를 입력하여 검색해보세요. 검색된 자료 중 첫 번째 항목으로 표시되는 PDF 파일을 다운로드하겠습니다. 제목을 클릭하면 파일을 다운로드할 수 있어요.

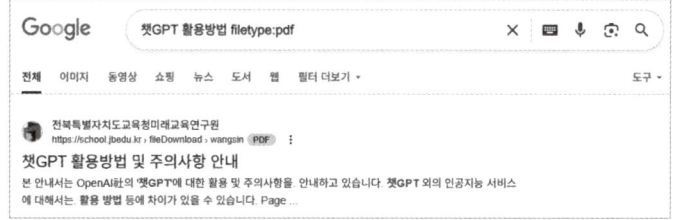

**TIP** 구글에서 파일을 찾을 때는 '제목(검색어) filetype:확장자'를 입력하면 됩니다. 예를 들어 한국 출산 현황에 대한 엑셀 자료를 찾는다면 **한국 출산율 현황 filetype:xlsx**를 입력합니다.

실습할 때 마음에 드는 자료가 없다면 구글에서 자료를 더 찾아 보고서를 만들 때 활용해보세요.

### ⏳ 1분만요! 누나IT의 1분 영상 강의

누나IT 유튜브 채널에서 1분 쇼츠를 시청하고 **<PDF AI 소개>**를 더 익혀보세요.

QR 코드 인식이 어렵다면 유튜브 검색 창에 누나IT PDF AI 소개를 검색하세요.

### 정리해볼까요?

- 보고서를 작성하려면 챗GPT에게 보고서 형식을 먼저 물어보고 필요 없는 항목은 삭제하면서 최종 양식을 정리합니다.
- 챗GPT에게 PDF 파일의 내용을 분석하고 정리한 양식에 맞춰 보고서를 작성해달라고 요청하세요.
- 보고서 내용이 작성되었다면 발표용 슬라이드 형식으로 텍스트를 재정리한 후 발표 자료를 만들면 됩니다.

# 감마를 이용해 발표용 프레젠테이션 문서를 만들자

 **시작해볼까요?**

발표용 프레젠테이션 문서를 만들고 디자인을 입혀 시각화하는 작업은 프로 직장인에게도 시간이 많이 걸리는 작업일 거예요. 프레젠테이션 문서를 만들 때 활용하기 좋은 감마를 이용해 앞에서 발표용 슬라이드 형식으로 요약한 자료를 파워포인트 PPT 파일로 바꿔보겠습니다.

## 발표 자료를 감마에서 프레젠테이션 문서로 바꾸기

원하는 텍스트를 프레젠테이션 문서로 간단히 바꿔주는 감마(Gamma) 사이트를 이용해볼게요. 웹브라우저 주소 창에 **gamma.app**을 입력합니다. Enter 를 누르면 감마의 첫 화면으로 이동할 수 있어요. [무료로 시작]을 클릭합니다.

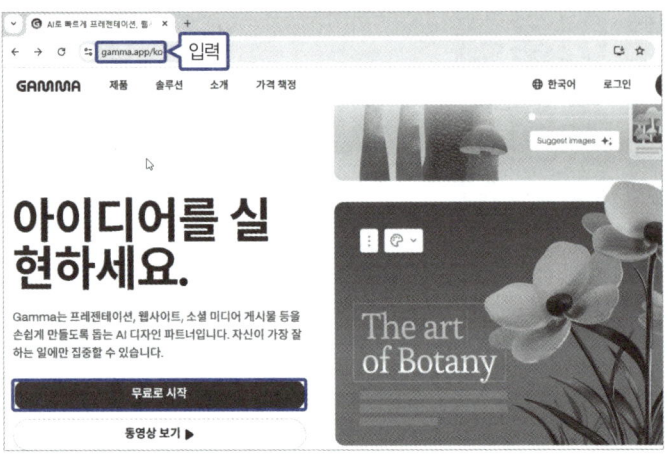

TIP 구글에서 **감마**를 검색한 후 https://gamma.app으로 이동해도 됩니다.

이제 감마에 가입해야 합니다. [Google로 계속하기]를 클릭해 가입 절차를 시작해보겠습니다.

[Google 계정으로 로그인] 창에서 'Gamma.app 서비스의 액세스를 허용하겠다'는 문구가 나타나면 [계속]을 클릭해 진행하세요.

TIP 이후 화면에서 감마를 어떻게 사용할 것인지, 어떤 일을 하는지 등을 물어봅니다. 답변에 체크하고 마지막 질문까지 완료하면 감마 서비스를 사용할 수 있습니다.

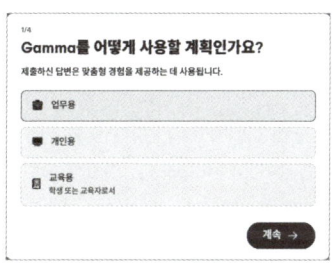

정리해둔 발표 자료 텍스트로 프레젠테이션 문서를 만들어볼 차례입니다. [텍스트로 붙여넣기]를 클릭합니다.

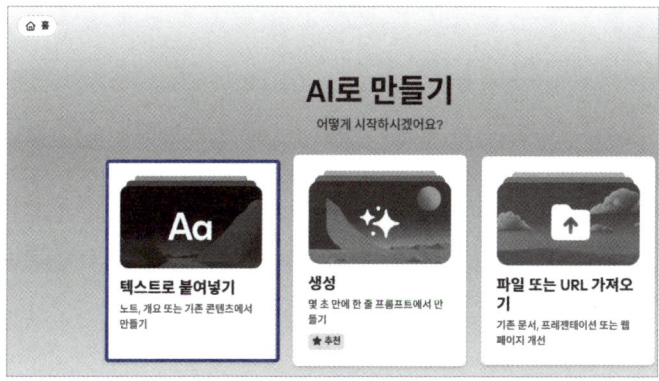

**6장** 챗GPT로 데이터 정리하고 업무 문서 만들기 **227**

어떤 콘텐츠를 생성할 것인지 물어보는 화면에서 [프레젠테이션]을 클릭하고, 하단의 텍스트 입력 창에 정리해둔 텍스트를 복사해 붙여 넣습니다.

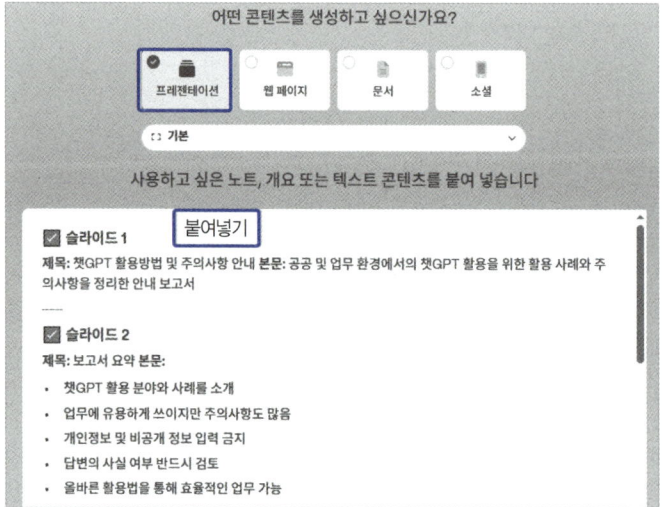

TIP 챗GPT에서 생성된 텍스트를 복사할 때는 챗GPT 답변 하단의 복사 아이콘을 이용합니다. 텍스트를 일일이 드래그할 필요 없이 한꺼번에 복사할 수 있어 편리합니다. [복사]를 클릭하면 전체 텍스트가 복사되면서 아이콘이 모양으로 변경됩니다. 복사 기능은 편리하지만 답변 내 불필요한 텍스트까지 모두 복사될 수 있으므로 텍스트를 붙여 넣은 후 앞뒤 군더더기 텍스트는 삭제하여 정리하는 것이 좋습니다.

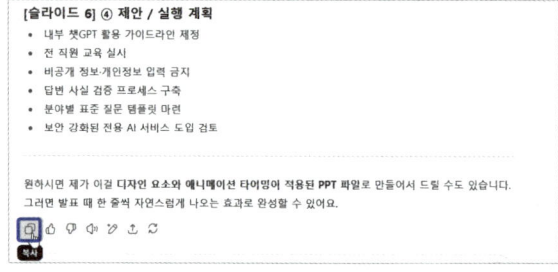

화면을 아래쪽으로 스크롤해보면 '이 콘텐츠로 어떤 작업을 할 것인지' 옵션을 고를 수 있어요. [긴 텍스트 또는 문서를 요약합니다]를 클릭한 후 [프롬프트 에디터로 계속하기]를 클릭하세요.

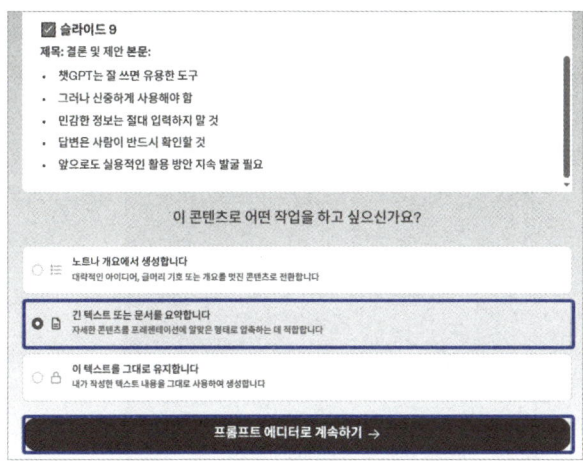

기본 설정 그대로 만들어볼게요. [프롬프트 편집기] 화면에서 하단의 [생성]을 클릭합니다.

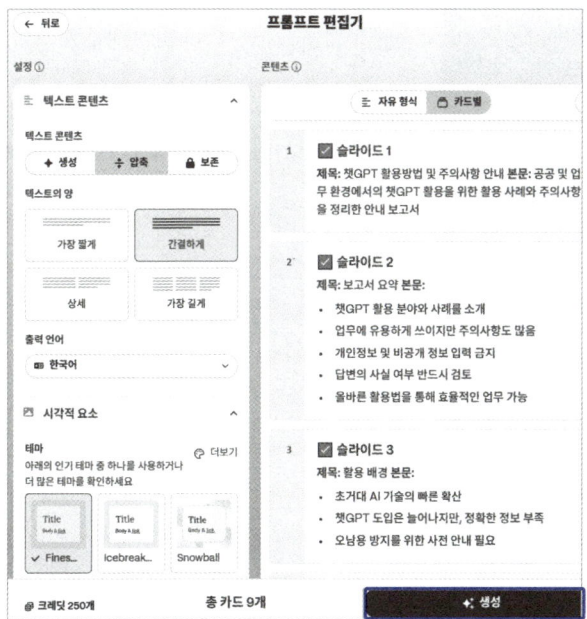

TIP 생성된 프레젠테이션 문서의 스타일을 변경하려면 왼쪽 설정 영역의 [테마]에서 원하는 스타일을 선택하세요. 여러 테마로 변경해보고 가장 적합한 프레젠테이션 문서를 사용하면 됩니다.

텍스트로 붙여 넣은 보고서 내용이 프레젠테이션 문서로 만들어진 것을 확인할 수 있습니다.

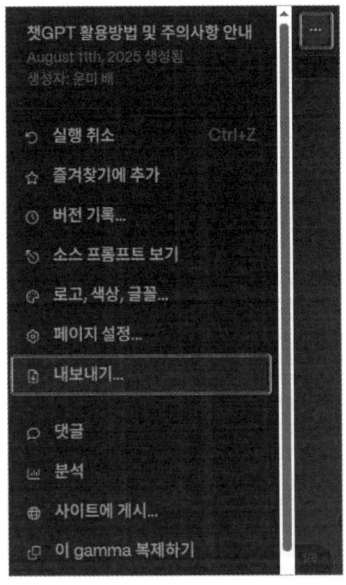

파워포인트용 PPT 파일로 다운로드해서 원하는 부분을 수정해보겠습니다. 화면 위쪽의 [더보기■]를 클릭한 후 [내보내기]를 클릭합니다.

[PowerPoint로 내보내기]를 클릭하면 파워포인트 형식의 문서가 만들어집니다.

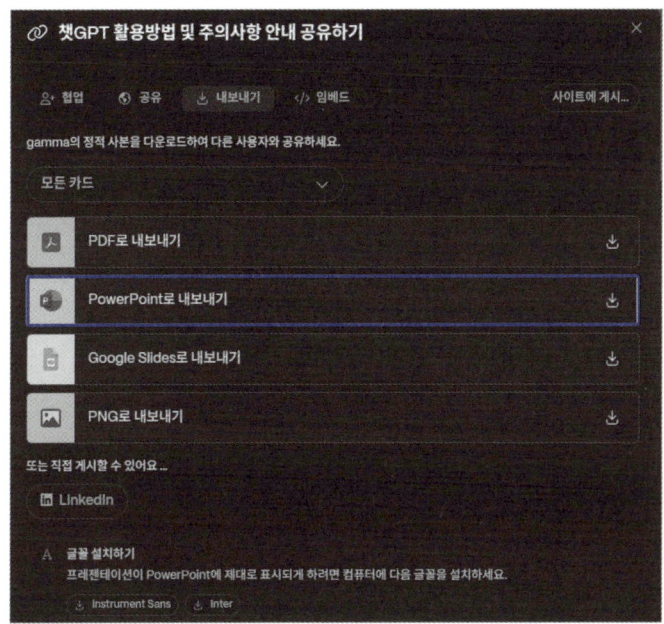

**TIP** 만들어진 프레젠테이션 문서는 PDF 파일이나 구글 슬라이드 문서, PNG 파일로도 내보낼 수 있습니다.

다운로드한 파일을 파워포인트에서 확인해보세요.

**TIP** 감마에서 다운로드한 문서는 실습 파일 6장 폴더 내 GPT.pptx 파일에서 확인할 수 있습니다.

## 감마에서 만든 프레젠테이션 문서를 링크로 공유하기

감마에서 만든 프레젠테이션 문서를 파일 형태로 다운로드하지 않고 링크로 공유하여 웹에서 살펴보는 방법을 소개합니다.

프레젠테이션 문서를 링크로 공유하면 내 컴퓨터에 PDF 파일 뷰어나 파워포인트 프로그램이 없어도 인터넷 브라우저에서 문서를 열고 확인할 수 있어 편리합니다.

공유할 감마 프레젠테이션 문서 위쪽의 [공유]를 클릭합니다.

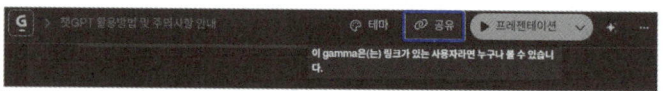

메뉴에서 [공유]를 클릭하고 [링크 복사]를 클릭하세요.

링크를 복사했다면 카카오톡으로 공유해볼게요. 내 컴퓨터에서 PC 카카오톡 채팅 창을 열고 메시지 입력란에서 마우스 오른쪽 버튼을 클릭합니다. [붙여넣기]를 선택하세요.

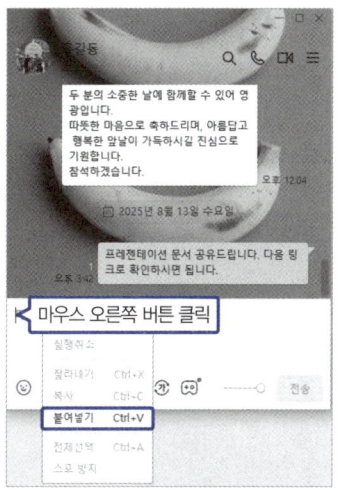

복사해둔 감마 프레젠테이션 문서 링크가 붙여 넣어지면 [전송]을 클릭합니다.

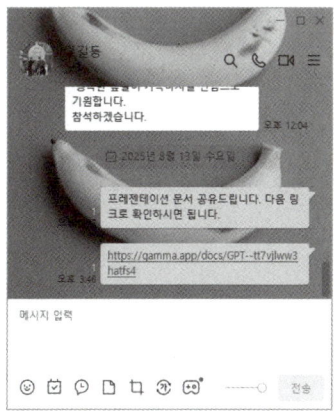

6장 챗GPT로 데이터 정리하고 업무 문서 만들기

카카오톡 메시지로 전송한 링크를 클릭하면 웹브라우저에서 감마 프레젠테이션 문서가 열립니다.

TIP 감마 프레젠테이션 문서 링크를 웹브라우저에 붙여 넣어도 문서를 바로 확인할 수 있어요.

감마 프레젠테이션의 링크는 스마트폰에서도 활성화됩니다. 컴퓨터가 없을 때도 카카오톡 등 메신저로 해당 링크를 공유한 후 스마트폰에서 프레젠테이션 내용을 확인해보세요.

보고서 요약부터 주요 활용 분야 등의 내용이 깔끔하게 정리돼 있습니다.

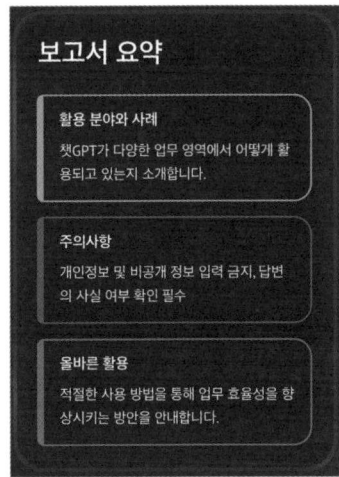 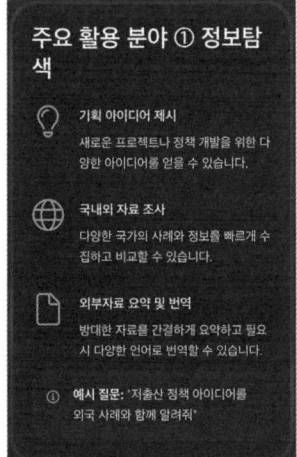

주의사항도 물론 잘 정리돼 있고, 결론 및 제안까지 깔끔하게 제시해 줍니다.

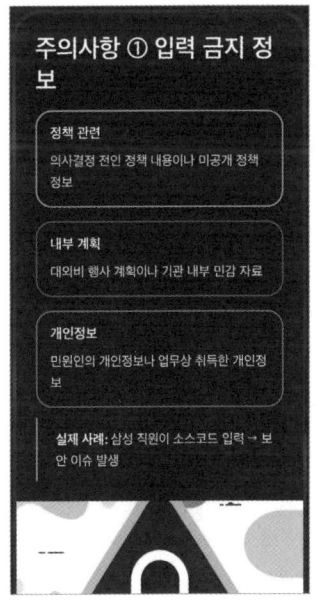 

### 💬 감마 프레젠테이션 문서 확인하기

gamma.app에서 **<완성된 프레젠테이션 문서>**를 확인해보세요.
QR 코드를 스캔하여 확인해보세요.

### ⏳ 1분만요! 누나IT의 1분 영상 강의

누나IT 유튜브 채널에서 1분 쇼츠를 시청하고 **<감마 활용법>**을 한 번 더 익혀보세요.
QR 코드 인식이 어렵다면 유튜브 검색 창에 **누나IT 감마 활용법**를 검색하세요.

### 정리해볼까요?

- 감마에서는 텍스트나 파일 자료만으로 프레젠테이션 문서를 작성할 수 있습니다. [프롬프트 편집기] 화면에서 원하는 프레젠테이션 테마 스타일을 선택해보세요.
- 만들어진 프레젠테이션 문서는 PDF, 파워포인트, 이미지 파일 등으로 다운로드하거나 직접 링크를 공유하여 살펴볼 수 있습니다.

# 냅킨을 이용해
# 파워포인트 도해를
# 보기 좋게 수정해보자

 **시작해볼까요?**

**실습 파일** 6장/GPT.pptx

> 발표용 프레젠테이션 문서를 만들 때 제일 어려운 작업은 슬라이드에 어울리는 적절한 도해를 그리는 일입니다. 냅킨을 이용하면 텍스트만으로 내용과 어울리는 도해를 생성해줍니다. 앞에서 만든 파워포인트 프레젠테이션 파일의 슬라이드 중 하나를 선택해 적절한 도해로 수정해보겠습니다.

## 냅킨에서 더 적합한 도해 만들기

파워포인트에서 확인해보니 앞서 만들어둔 발표용 파워포인트 문서의 5번 슬라이드가 이미지와 내용이 다소 어울리지 않습니다. 내용에 적합한 도해를 추가해 슬라이드를 꾸며보겠습니다.

텍스트를 보기 좋은 도해로 바꿔주는 냅킨(Napkin) 사이트를 이용해 볼게요. 웹브라우저 주소 창에 **napkin.ai**를 입력하고 Enter 를 누르세요. 냅킨의 첫 화면으로 이동합니다. [Get Napkin Free]를 클릭합니다.

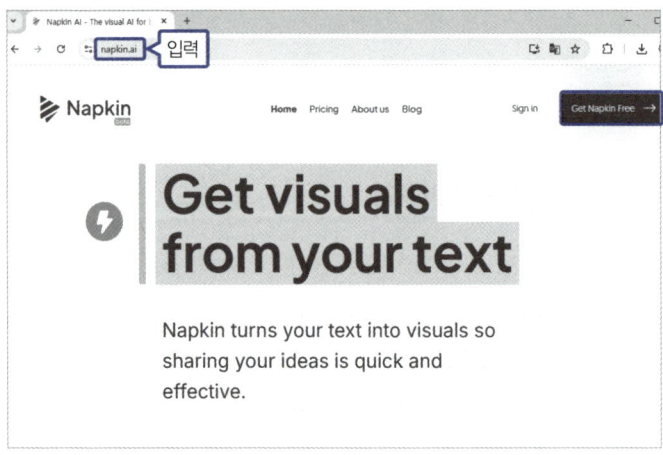

TIP 구글에서 **냅킨ai**를 검색한 후 https://www.napkin.ai로 이동해도 됩니다.

냅킨에서도 구글 계정을 사용해 가입할 수 있습니다. [Sign in with Google]을 클릭해 가입합니다.

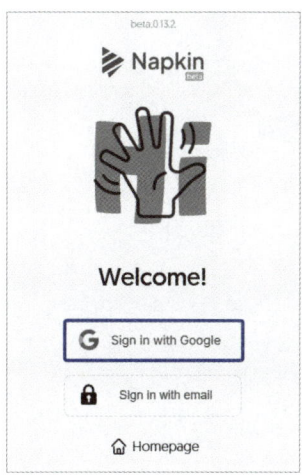

'Napkin.AI 서비스로 로그인하겠다'는 문구가 나타나면 [계속]을 클릭해 진행하세요.

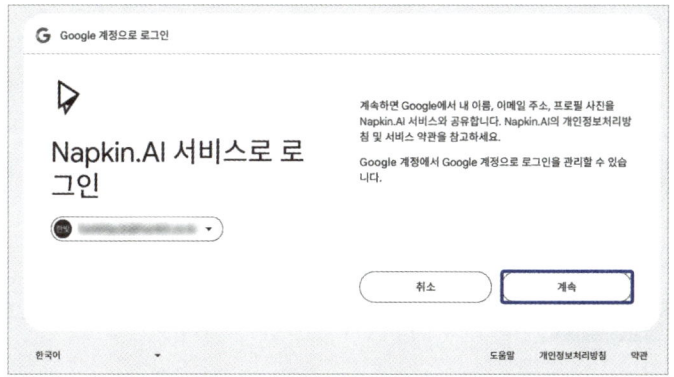

> **TIP** 이후 화면에서 냅킨을 어떤 용도로 사용할 건지, 무슨 콘텐츠에 활용할 건지 등을 물어봅니다. 답변에 체크하고 [Next]를 클릭해 마지막 질문까지 완료하면 냅킨 서비스를 사용할 수 있습니다.

[Welcome to Napkin!] 화면에서 [Create my first Napkin]을 클릭합니다. 이제 냅킨을 시작해보겠습니다.

어떤 방식으로 텍스트를 입력해서 도해를 만들 건지 물어보는 화면이 나타납니다. [By pasting my text content] 옵션을 선택하면 미리 작성해둔 텍스트를 '복사-붙여넣기'하여 도해를 생성할 수 있습니다. [By pasting my text content]를 클릭합니다.

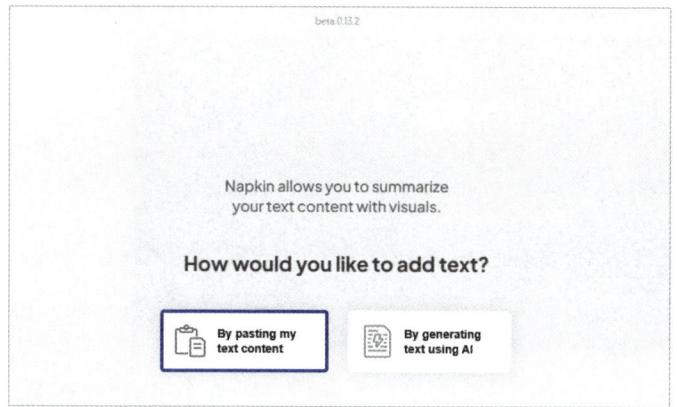

TIP [By Generating text using AI] 옵션은 프롬프트 입력 창에 텍스트를 직접 입력하여 도해를 생성하는 방식입니다.

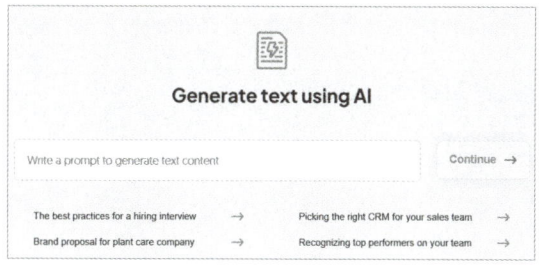

앞서 만들어둔 발표용 파워포인트 문서를 사용해서 도해를 수정해보겠습니다.

TIP 실습 파일 중 6장 폴더 내 GPT.pptx 파일을 사용하여 실습을 진행하세요. 감마에서 직접 만든 프레젠테이션 문서가 있다면 파워포인트 형식으로 다운로드한 후 원하는 슬라이드의 도해를 변경하는 방식으로 실습해도 됩니다.

5번 슬라이드 텍스트를 이용해 도해를 만들어볼게요. 텍스트 상자 내 텍스트를 드래그한 후 Ctrl + C 를 눌러 복사합니다.

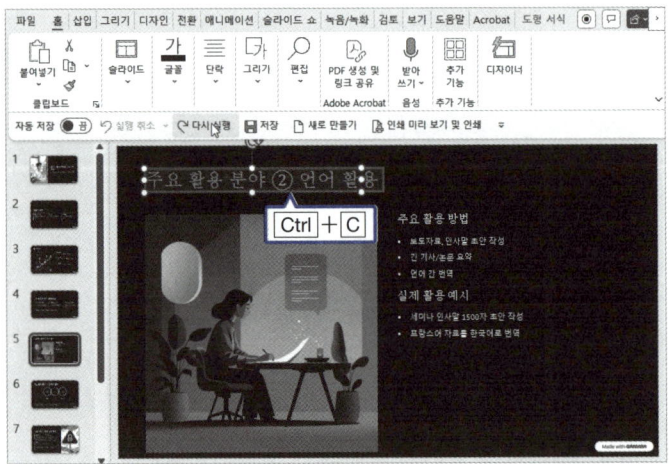

TIP 슬라이드 내 텍스트 상자가 여러 개인 경우에는 여러 번 '복사-붙여넣기'하는 게 번거롭습니다. 이때는 메모장이나 워드 문서에 텍스트를 모두 복사해두고 한꺼번에 붙여넣어도 됩니다.

복사한 텍스트를 입력 창에 붙여 넣습니다.

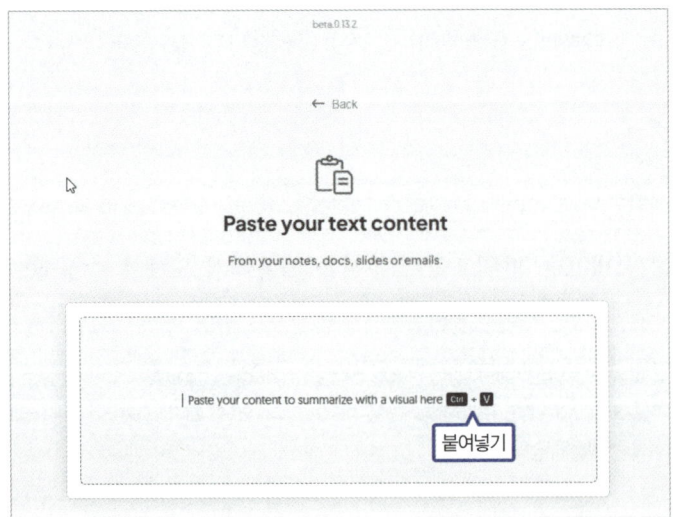

텍스트가 정렬되었다면 [Generate Visual🅾]을 클릭합니다.

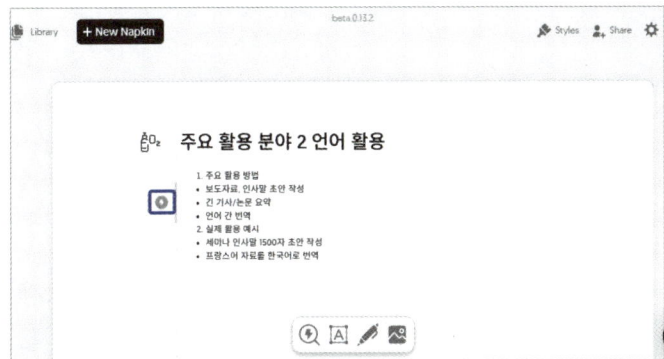

입력한 텍스트 아래쪽으로 새로운 도해가 생성되었습니다. 왼쪽 도해 목록에서 원하는 스타일을 찾아 클릭해보세요.

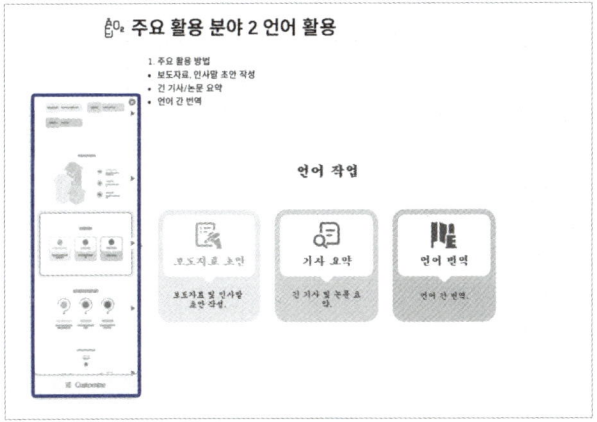

TIP  왼쪽에 표시된 도해 목록에서 스타일을 클릭하면 선택한 디자인으로 변경됩니다.

선택한 도해를 다양한 스타일로 보여줍니다. 원하는 스타일을 클릭하세요.

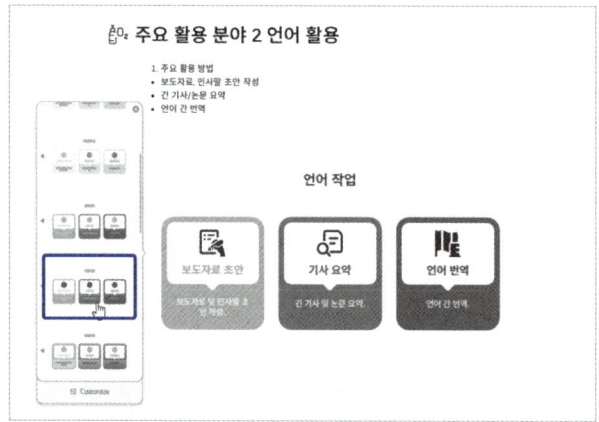

## PPT 파일로 다운로드한 후 도해 추가하여 수정하기

냅킨에서 생성한 도해 문서 위쪽의 [Export]를 클릭하면 도해를 이미지 파일이나 PDF 파일, PPT 파일 등으로 다운로드할 수 있습니다. [Export]를 클릭해보세요.

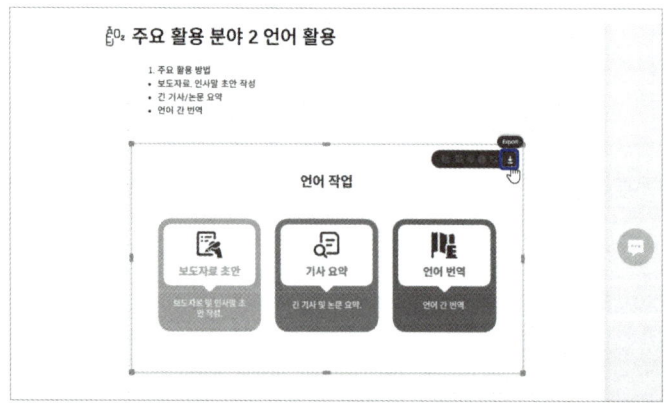

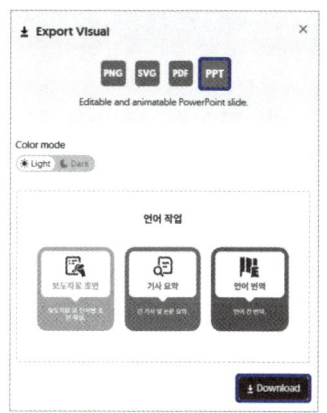

[PPT]를 클릭해 만들어진 도해를 파워포인트 슬라이드 형식으로 다운로드하겠습니다. [Download]를 클릭해서 파일을 다운로드합니다.

냅킨에서 생성한 도해를 파워포인트 프로그램에서 열어볼 수 있어요.

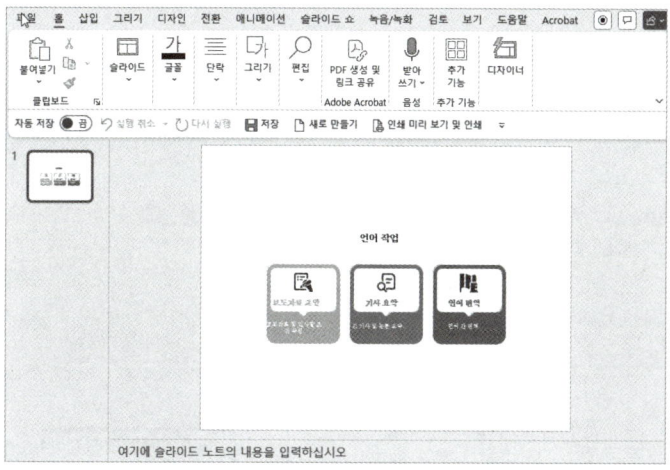

TIP 냅킨에서 다운로드한 도해는 실습 파일 6장 폴더 내 언어활용.pptx 파일에서 확인할 수 있습니다.

앞서 만들어둔 발표용 파워포인트 문서의 5번 슬라이드의 이미지를 냅킨으로 만든 PPT 파일의 도해로 교체해보겠습니다. 5번 슬라이드에서 왼쪽에 삽입되어 있는 이미지를 클릭한 후 키보드에서 Delete 를 누르세요.

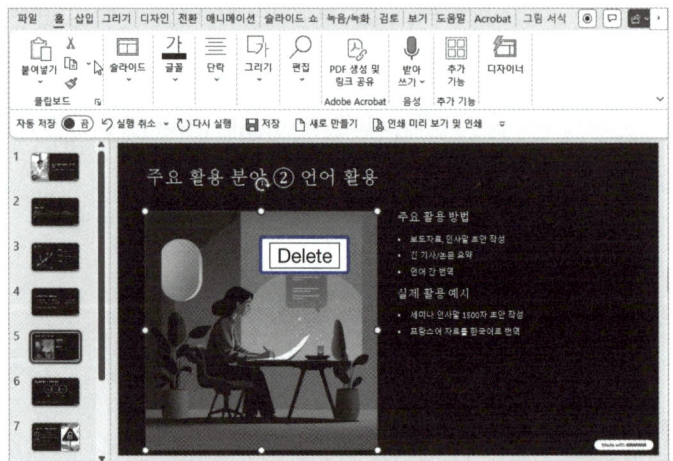

**TIP** 파워포인트에서 텍스트 상자나 도형, 이미지 등을 선택한 후 키보드에서 Delete 를 누르면 슬라이드에서 삭제됩니다.

냅킨에서 생성한 파워포인트 도해를 드래그하여 모두 선택한 후 마우스 오른쪽 버튼을 눌러 단축 메뉴에서 [복사]를 클릭하세요.

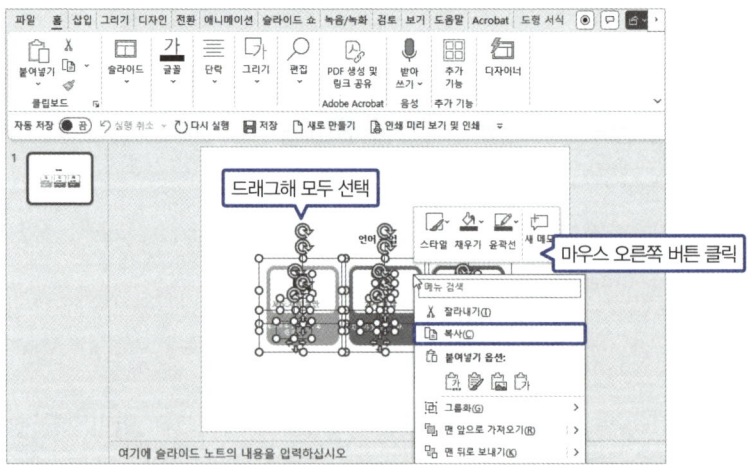

**TIP** 파워포인트에서 선택한 텍스트 상자나 도형, 기타 객체를 복사할 때는 Ctrl과 C를 함께 누르면 됩니다.

5번 슬라이드로 돌아가서 Ctrl과 V를 함께 눌러서 복사한 도해를 붙여 넣습니다.

키보드의 화살표 방향 키를 이리저리 눌러서 원하는 위치로 도해를 이동하세요. 여기서는 ← 방향 키를 눌러서 왼쪽으로 도해를 이동했습니다.

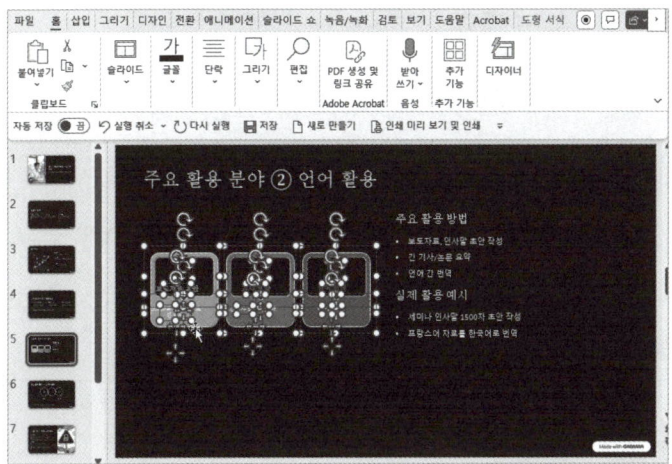

TIP 파워포인트에서 Ctrl과 V를 함께 누르면 앞서 복사한 텍스트 상자나 도형, 기타 객체가 슬라이드에 붙여 넣어집니다.

슬라이드 내 빈 공간을 클릭해서 도해 선택을 해제합니다. 그런 다음 Ctrl+S를 눌러 변경 사항을 저장합니다. 냅킨을 활용해 아주 손쉽게 PPT 파일의 수정을 완료하였습니다.

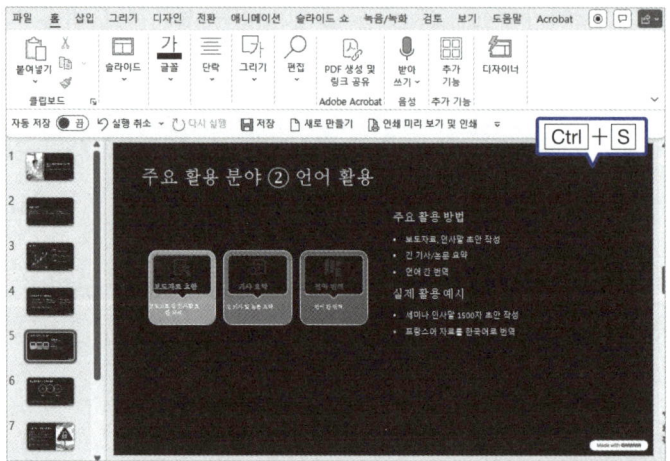

> TIP   파워포인트에서 Ctrl과 S를 함께 누르면 파일이 저장됩니다.

> TIP   수정한 5번 슬라이드가 적용된 파일은 6장 폴더 내 GPT_수정.pptx에서 확인할 수 있습니다.

### 💬 냅킨 도해 확인하기

app.napkin.ai에서 **<완성된 냅킨 도해>**를 확인해보세요.
QR 코드를 스캔하여 확인해보세요.

### ⌛ 1분만요! 누나IT의 1분 영상 강의

누나IT 유튜브 채널에서 1분 쇼츠를 시청하고 **<냅킨 활용법>** 실습을 한 번 더 익혀보세요.
QR 코드 인식이 어렵다면 유튜브 검색 창에 **누나IT 냅킨 활용법**를 검색하세요.

 **정리해볼까요?**

- 냅킨에서는 텍스트를 직접 입력하거나 '복사-붙여넣기'하여 시각적으로 돋보이는 도해를 만들 수 있습니다.
- 도해는 이미지 파일이나 PDF 파일, PPT 파일 등으로 다운로드할 수 있습니다.
- 냅킨에서 PPT 파일로 다운로드한 도해는 '복사-붙여넣기'하여 기존 슬라이드에 추가한 후 보기 좋게 편집합니다.

# 영상 강의 로드맵

책에 수록한 영상 강의를 확인할 수 있는 '영상 강의 로드맵'입니다. QR 코드를 스캔해 강의를 시청하고, 학습한 내용을 복습해보세요.

### 영상 강의 전체 모아보기

모든 영상 강의를 한 번에 재생할 수 있는 QR 코드입니다.
전체 강의를 연속으로 시청하고 싶다면, 왼쪽의 QR 코드를 스캔해주세요.

**START**

### 1장 챗GPT 시작 전에 꼭 알아야 하는 다섯 가지

▶ 1분 영상 강의
챗GPT 빠르게 불러오는 꿀팁
▶ 관련 본문 찾아보기  046쪽

▶ 3분 영상 강의
챗GPT 쉽게 시작하기
▶ 관련 본문 찾아보기  055쪽

### 3장 일상이 즐거워지는 챗GPT 활용 능력 키우기

▶ 1분 영상 강의
여행 계획 짜고 카톡으로 공유하기
▶ 관련 본문 찾아보기  096쪽

▶ 3분 영상 강의
지브리 스타일뿐 아니라 다양한 AI 이미지 만들기
▶ 관련 본문 찾아보기 114쪽

▶ 1분 영상 강의
챗GPT와 심리 상담하기
▶ 관련 본문 찾아보기 121쪽

## 4장 챗GPT보다 더 재미있는 AI 툴 써보기

▶ 3분 영상 강의
Suno AI로 생일 축하 노래 만들기
▶ 관련 본문 찾아보기 142쪽

▶ 1분 영상 강의
더 멋진 영상을 만들기 위한 프롬프트 활용법
▶ 관련 본문 찾아보기 152쪽

▶ 1분 영상 강의
마인드맵, AI 오디오 오버뷰 소개
▶ 관련 본문 찾아보기 164쪽

▶ 3분 영상 강의
나노바나나 소개
▶ 관련 본문 찾아보기 186쪽

영상 강의 로드맵 **251**

# 영상 강의 로드맵

**5장 챗GPT로 콘텐츠 만들어 활용하기**

▶ 1분 영상 강의
노화 방지 쇼츠 만들기
▶ 관련 본문 찾아보기 206쪽

**6장 챗GPT로 데이터 정리하고 업무 문서 만들기**

▶ 1분 영상 강의
PDF AI 소개
▶ 관련 본문 찾아보기 224쪽

▶ 1분 영상 강의
감마 활용법
▶ 관련 본문 찾아보기 236쪽

▶ 1분 영상 강의
냅킨 활용법
▶ 관련 본문 찾아보기 248쪽

**FINSH**